Flugzeuge

Flugzeuge

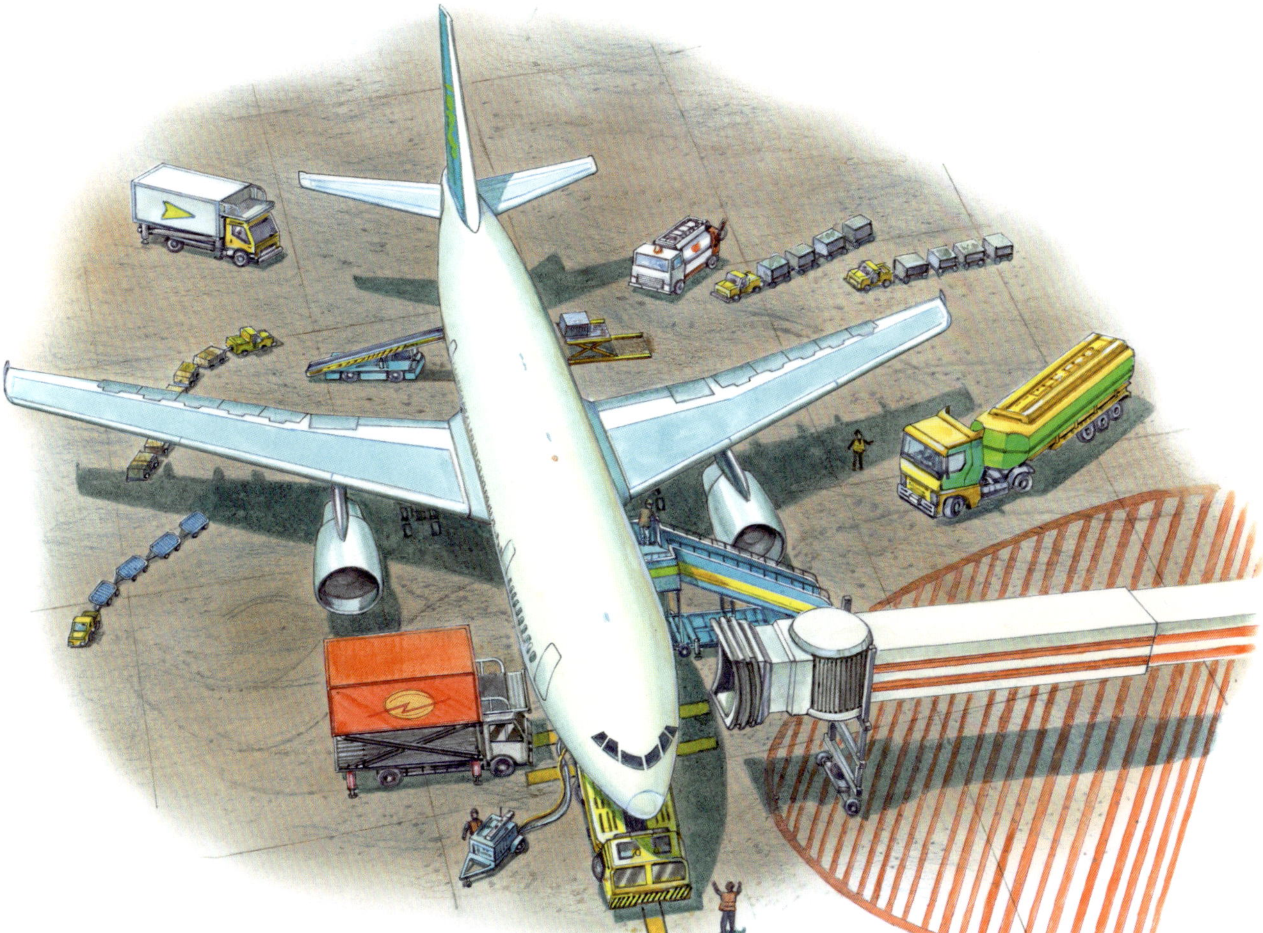

Ravensburger Buchverlag

Inhalt

Die Anfänge des Fliegens — 8
Wie ein Vogel fliegen — 10
Leichter als Luft — 12
Die Pioniere der Fliegerei — 14
Doppel-und Mehrdecker — 16
Die Welt wird kleiner — 18

Die Technik von Flugzeugen — 20
Warum Flugzeuge fliegen — 22
Die Steuerung — 24
Cockpit und Fluginstrumente — 26
Motoren und Propeller — 28
Jettriebwerke — 30
Raketentriebwerke — 32

Flugmaschinen — 34
Große Passagierflugzeuge — 36
Kleine Passagierflugzeuge — 38
Überschallflugzeuge — 40
Transport- und Frachtflugzeuge — 42
Luftschiffe — 44
Segelflugzeuge & Co. — 46
Hubschrauber — 48

Auf dem Flughafen	**50**
Der Flughafen	52
In der Abflughalle	54
Hinter den Kulissen	56
Der Tower	58
Starten und landen	60
Bau, Wartung und Forschung	**62**
Blick in eine Werft	64
Piloten und Testpiloten	66
Wartung	68
Forschung	70
Leserätsel	72
Chronik der Luftfahrt	74
Internetadressen	75
Worterklärungen	76
Register	78
Bildnachweis	80

Zu diesem Buch

Knack den Code!
- Die Fragen sind durchnummeriert, diese Nummern finden sich auf der Schatzkarte auf Seite 72 wieder
- Die Lösungsbuchstaben werden auf der Schatzkarte eingetragen
- Die Auflösung findest du auf Seite 80

Leichter als Luft

Knack den Code!
2. Welchen Brüdern gelang der erste offizielle Motorflug? (Nachnahme)
(2. Buchstabe)

Schon bevor man mit Flugzeugen fliegen konnte, erforschten Menschen das Ballonfahren. Ein Ballon war es auch, der dem Menschen zur ersten Luftfahrt verhalf.

Eine Weltpremiere
Am 4. Juni 1783 gelang den Brüdern Montgolfier der erste Start eines Ballons. Sie verbrannten Papier unter der Öffnung eines Seidenballons. Durch die heiße Luft blähte sich der Ballon auf und schwebte nach oben. Denn warme Luft dehnt sich aus und da sie leichter ist als kühle Luft, steigt sie nach oben.

Ballone – und Luftschiffe – „schwimmen" durch ihren Auftrieb in der Luft wie ein U-Boot im Wasser. Ihre Fortbewegung nennt man daher fahren. Der Auftrieb ist die Kraft, die Körper nach oben drückt.

Die ersten Passagiere
Die ersten Passagiere, die mit einem Ballon aufstiegen, waren ein Hahn, ein Hammel und eine Ente. Die Tiere überstanden die achtminütige Reise gut. Am 21. November 1783 hob in Paris dann der erste, mit zwei Männern besetzte Heißluftballon von der Erde ab.

1783 stiegen erstmals zwei Menschen mit dem Heißluftballon der Brüder Montgolfier auf.

Entdecke online noch mehr spannendes Wissen!

In diesem Buch erfährst du jede Menge über Flugzeuge. Noch mehr Flugzeug-Wissen und weitere spannende Themen findest du im **TOGGO-Cleverclub Online-Lexikon**. Hier kannst du einen Monat lang kostenlos neues Wissen entdecken, zum Beispiel zu den Themen Wetter, Weltall und Unsere Erde.

Meld dich einfach unter www.toggo-cleverclub.de an mit dem
AKTIONSCODE: CLVRFLUG

Übrigens: Im TOGGO-CleverClub gibt es außerdem über 100 monatlich wechselnde Lernspiele mit deinen TOGGO Stars.

Viel Spaß mit dem TOGGO-Cleverclub!

www.toggo-cleverclub.de

Die „La France" konnte als erstes Luftfahrzeug an seinen Ausgangspunkt zurückkehren.

Der Weg zum Luftschiff

Ein Heißluftballon schwebt wie ein Luftballon. Das heißt, er fährt dorthin, wohin ihn der Wind treibt. Schon die ersten Ballonfahrer versuchten ihre Ballone lenkbar zu machen, zum Beispiel mit Schaufelrädern, Rudern oder einem Segel, doch ohne Erfolg.

1884 gelang dies den Franzosen Charles Renard und Arthur Krebs mit dem 50 Meter langen Luftschiff „La France". Es war das erste Luftfahrzeug, das gelenkt werden konnte und somit wieder an seinen Ausgangsort zurückkehrte.

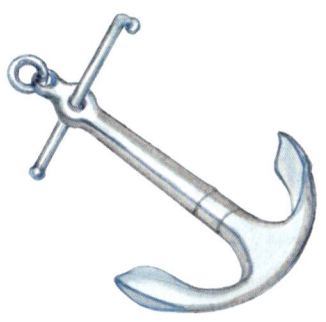

Kaum zu glauben
Damit die Heißluftballone nicht wegfliegen konnten, hielt man sie mit Schiffsankern am Boden fest.

Du entscheidest selbst:
• Wie entwickelten sich die Luftschiffe weiter?
  ➡ Seite 44/45
• Wodurch fliegen Segelflugzeuge?
  ➡ Seite 46/47

Lies mal weiter!
Seite 18, 22, 46

Du entscheidest selbst!
• Was interessiert dich am meisten?
• Auf welcher Seite willst du weiterlesen?

• Verweis auf weiterführende Seiten im Buch

Die Anfänge des Fliegens

Die Menschen haben schon immer davon geträumt, wie ein Vogel fliegen zu können. Doch bis die ersten Flugpioniere tatsächlich vom Boden abheben konnten, ob mit Heißluftballon, Gleitflieger oder Motorflugzeug, waren viele Versuche nötig, und sie erlebten zahlreiche Fehlschläge.

Wie ein Vogel fliegen

Ruderflug: Beim Abwärtsschlag bewegt der Vogel seine Flügel von hinten oben nach vorn unten.

Die besten Flieger leben in der Natur und können mit eigener Muskelkraft fliegen. Die häufigste Flugart bei Vögeln ist der Ruderflug. Dabei bewegen sie die Flügel abwechselnd auf und ab. Beim Segelflug nutzen sie aufsteigende Luftströmungen und scheinen fast über der Erde zu schweben.

Vorbild Vogel

Für den Traum vom Fliegen waren vor allem die Vögel ein Vorbild. Nach einer griechischen Sage bauten sich Dädalus und Ikarus Schwingen aus Vogelfedern, die sie mit Wachs verklebten. Damit wollten sie über das Mittelmeer fliegen. Aber da sich Ikarus der Sonne zu sehr näherte, schmolz das Wachs und er stürzte ins Meer.

Frühe Entwürfe

In der Zeit der Renaissance um das Jahr 1500 entwarf der Italiener Leonardo da Vinci verschiedene Flugmaschinen. Keines seiner Modelle wäre zwar flugtauglich gewesen. Aber da Vinci war einer der Ersten, der sich ernsthaft mit dem Fliegen beschäftigte.

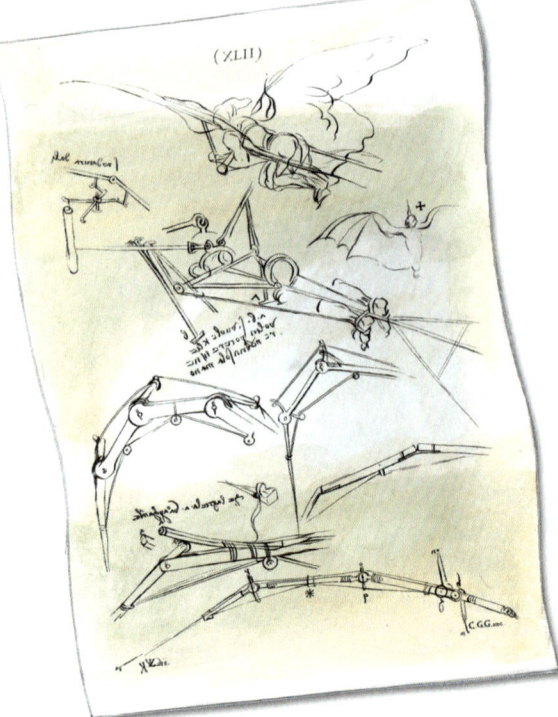

Leonardo da Vinci entwarf schon vor über 500 Jahren erste Flugapparate.

Leonardo da Vinci (1452–1519)
- italienischer Künstler, Ingenieur, Wissenschaftler
- zeichnete, angeregt durch den Vogelflug, unter anderem Entwürfe zu Schwingenflugzeugen
- dachte über Fallschirme und Hubschrauber nach

Die ersten 25 Meter

Wir Menschen haben im Vergleich zu Vögeln viel zu wenig Muskeln, um aus eigener Kraft fliegen zu können. Der Deutsche Otto Lilienthal erkannte jedoch, dass Gleitflüge für uns Menschen möglich sind. 1891 gelang Lilienthal sein erster Flug: Mit einem Hängegleiter aus Weidenzweigen, die mit Baumwollstoff bespannt waren, flog er eine Strecke von 25 Metern. Er gilt als Pionier der Luftfahrt. Diesem ersten Flug folgten mehr als 2000 weitere Flüge mit verschiedenen Fluggeräten. Im Jahr 1896 verunglückte er schließlich tödlich bei einem Flugversuch.

Otto Lilienthal (1848–1896)
- deutscher Flugpionier
- schrieb 1889 das grundlegende Werk „Der Vogelflug als Grundlage der Fliegekunst"
- absolvierte als Erster mit einem Flugapparat systematisch Gleitflüge

Knack den Code!
1. Wer entwarf schon vor 500 Jahren erste Flugapparate? (Vorname)
(1. Buchstabe)

1891 flog Lilienthal mit seinem Hängegleiter 25 Meter weit.

Lies mal weiter!
Seite 14, 18, 70

Leichter als Luft

Michel Joseph (1740–1810) und Étienne Jacques (1745–1799) de Montgolfier
▶ französische Flugpioniere
▶ erfanden den Heißluftballon
▶ ermöglichten erste Flüge mit Menschen

1783 stiegen erstmals zwei Menschen mit dem Heißluftballon der Brüder Montgolfier auf.

Schon bevor man mit Flugzeugen fliegen konnte, erforschten Menschen das Ballonfahren. Ein Ballon war es auch, der dem Menschen zur ersten Luftfahrt verhalf.

Eine Weltpremiere

Am 4. Juni 1783 gelang den Brüdern Montgolfier der erste Start eines Ballons. Sie verbrannten Papier unter der Öffnung eines Seidenballons. Durch die heiße Luft blähte sich der Ballon auf und schwebte nach oben. Denn warme Luft dehnt sich aus und da sie leichter ist als kühle Luft, steigt sie nach oben.

Ballone – und Luftschiffe – „schwimmen" durch ihren Auftrieb in der Luft wie ein U-Boot im Wasser. Ihre Fortbewegung nennt man daher fahren. Der Auftrieb ist die Kraft, die Körper nach oben drückt.

Die ersten Passagiere

Die ersten Passagiere, die mit einem Ballon aufstiegen, waren ein Hahn, ein Hammel und eine Ente. Die Tiere überstanden die achtminütige Reise gut. Am 21. November 1783 hob in Paris dann der erste, mit zwei Männern besetzte Heißluftballon von der Erde ab.

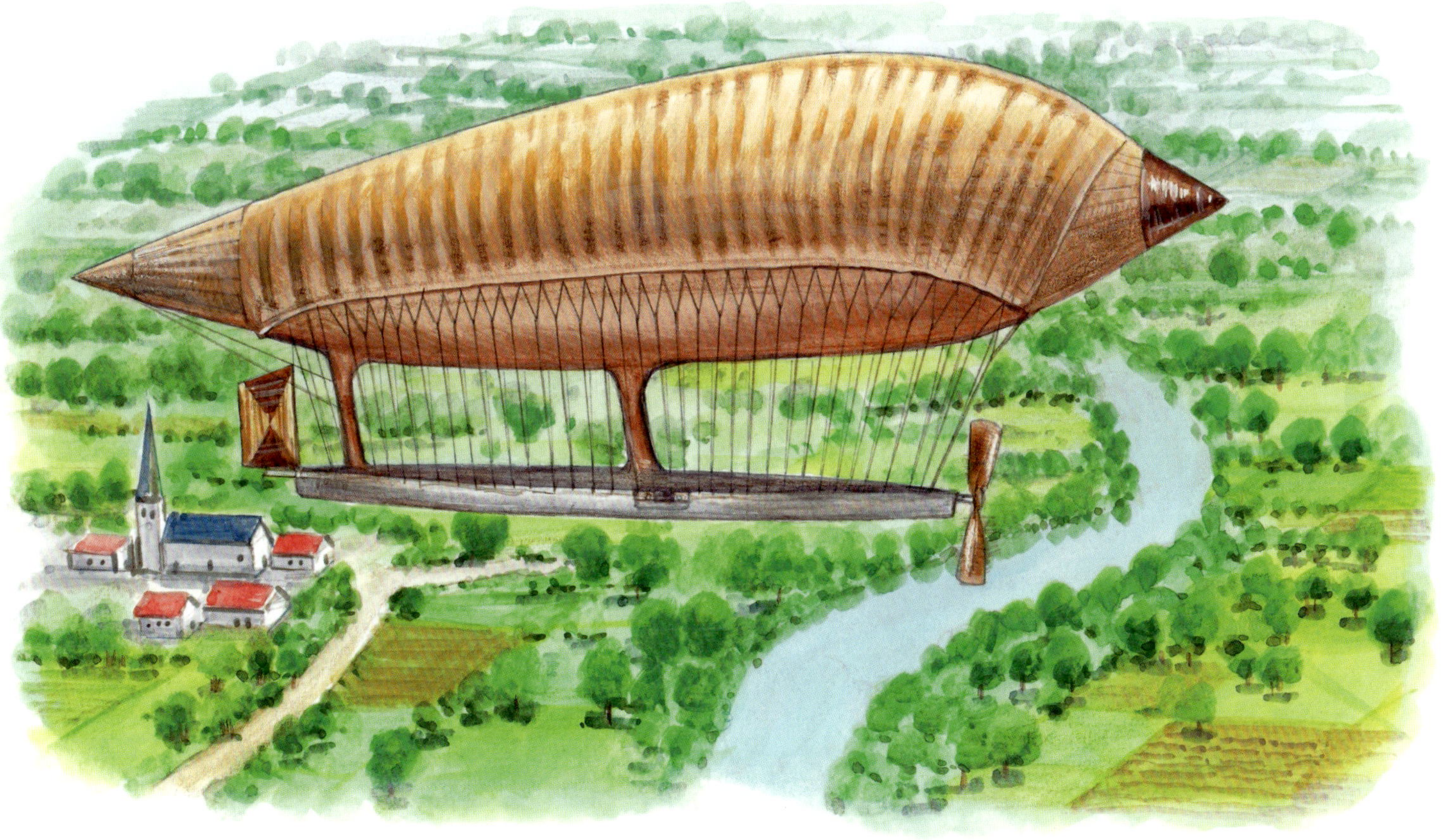

Die „La France" konnte als erstes Luftfahrzeug an seinen Ausgangspunkt zurückkehren.

Der Weg zum Luftschiff

Ein Heißluftballon schwebt wie ein Luftballon. Das heißt, er fährt dorthin, wohin ihn der Wind treibt. Schon die ersten Ballonfahrer versuchten ihre Ballone lenkbar zu machen, zum Beispiel mit Schaufelrädern, Rudern oder einem Segel, doch ohne Erfolg.
1884 gelang dies den Franzosen Charles Renard und Arthur Krebs mit dem 50 Meter langen Luftschiff „La France". Es war das erste Luftfahrzeug, das gelenkt werden konnte und somit wieder an seinen Ausgangsort zurückkehrte.

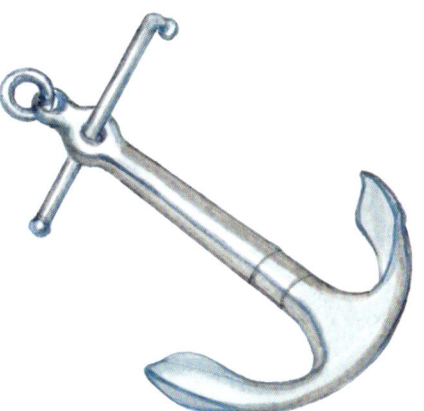

Kaum zu glauben
Damit die Heißluftballone nicht wegfliegen konnten, hielt man sie mit Schiffsankern am Boden fest.

Du entscheidest selbst:
- Wie entwickelten sich die Luftschiffe weiter?
  ➡ Seite 44/45
- Wodurch fliegen Segelflugzeuge?
  ➡ Seite 46/47

Lies mal weiter!
Seite 18, 22, 46

Die Pioniere der Fliegerei

Knack den Code!
2. Welchen Brüdern gelang der erste offizielle Motorflug? (Nachnahme)
(2. Buchstabe)

Die Hängegleiter und das Ballonfahren waren große Schritte in der Geschichte des Fliegens. Aber die Flugpioniere wollten mehr: Sie wollten Flugzeuge mit einem eigenem Antrieb entwickeln. Zwei Männer erforschten auf dem Weg dorthin die Grundlagen des Fliegens entscheidend mit.

Pioniere im Überblick
1810: Sir George Cayley: Starrflügel statt beweglicher Schwingen
1891: Otto Lilienthals Flugversuche mit Hängegleitern
1901: Gustav Weisskopf: Erster unbestätigter Motorflug
1903: Brüder Wright: Erster offizieller Motorflug der Geschichte

Weg vom Schwingenflug
Sir George Cayley untersuchte die Bewegung der Luft um Flügel. Dabei erkannte er, dass die Flügel eines Flugzeugs sich nicht bewegen dürfen, sondern feststehen müssen. Er legte auch als Erster fest, dass ein Flugzeug einen Rumpf, gewölbte Tragflächen, ein Ruder zum Steuern, ein Fahrwerk zum Landen und einen leichten Motor braucht. Solch einen Motor gab es zu seiner Zeit allerdings noch nicht.

Fledermaus mit Propellern
Clement Ader orientierte sich noch an der Tierwelt, als er die „Éole III" konstruierte. Sie ähnelte einer riesigen Fledermaus, auch wenn sie keine beweglichen Schwingen hatte. Als Antrieb dienten zwei Propeller, die von zwei 20 PS starken Dampfmaschinen angetrieben wurden. Die Éole hob am 9. Oktober 1890 zum ersten und einzigen Mal ab. Nach einem Flug über rund 50 Meter stürzte sie ab und wurde zerstört.

Pionier ohne Beweisfoto
Um 1900 experimentierten viele mit dem Motorflug, auch der Deutsche Gustav Weisskopf, der 1895 in die USA ausgewandert war. Er soll am 14. August 1901 in Bridgeport (USA) mit seinem motorisierten Eindecker eine Strecke von 800 Metern geflogen sein. Leider existiert kein Beweisfoto von diesem vermutlich ersten bemannten Motorflug.

Gustav Weisskopf vor seinem Motorflugzeug im Jahr 1901.

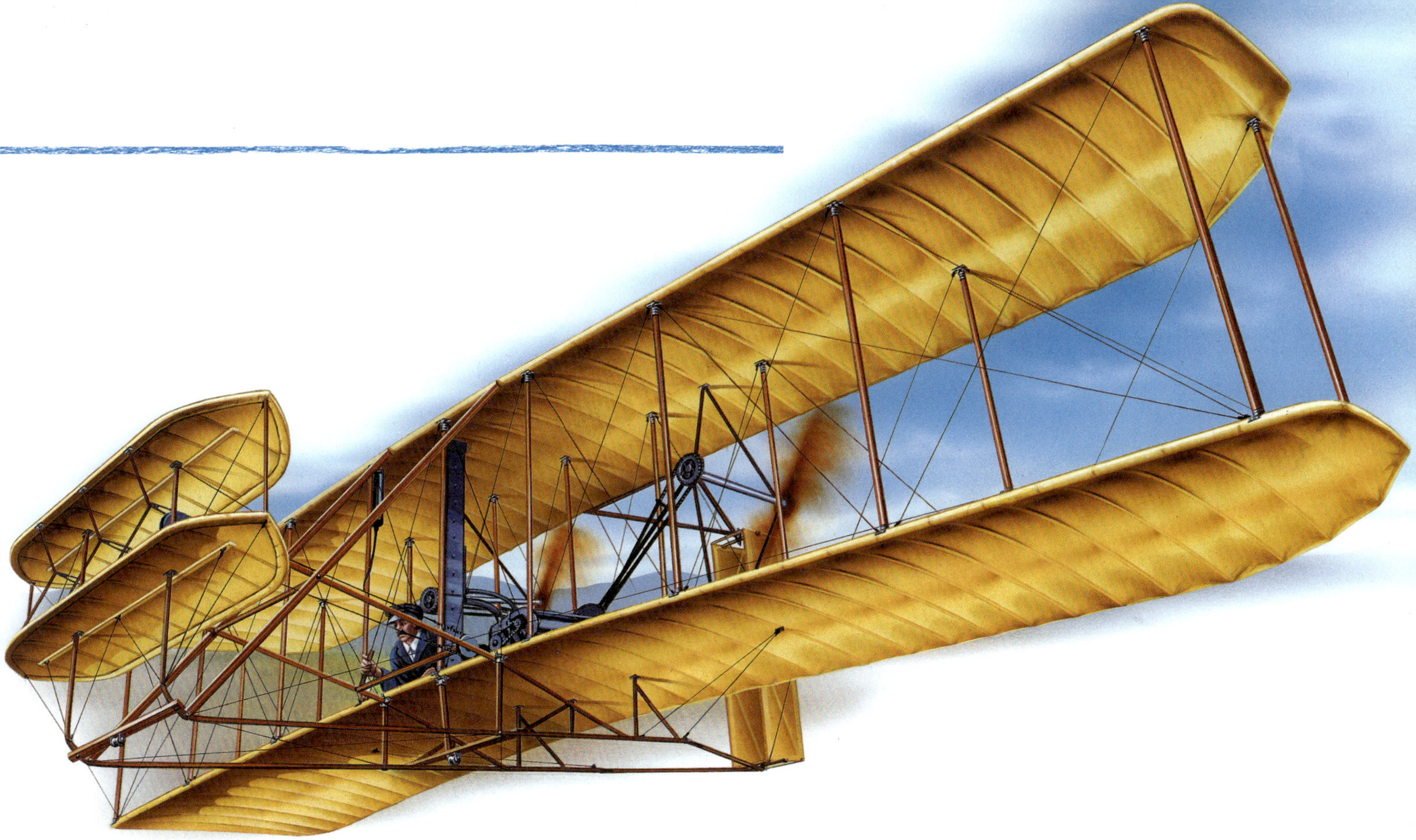

Am 17. Dezember 1903 hob der Doppeldecker „Flyer" als erstes Flugzeug mit Motorkraft ab.

Endlich fliegen können

Am 17. Dezember 1903 war es endlich so weit: Die Brüder Wilbur und Orville Wright flogen in Kitty Hawk in den USA offiziell zum ersten Mal einen Flugapparat mit Motorkraft. In gerade einmal 12 Sekunden legten sie eine Strecke von rund 37 Meter zurück. Ihr Doppeldecker hatte eine Spannweite von 12,3 Metern, war 6,4 Meter lang und 2,8 Meter hoch. Er bestand aus Holz und hatte eine Stoffbespannung. Der Pilot lag auf der unteren Tragfläche.

Die Flugpioniere flogen mit offenem Cockpit und brauchten zum Schutz Mantel, Mütze, Brille, Handschuhe und Stiefel.

Wilbur (1867–1912) und Orville (1871–1948) Wright
- amerikanische Brüder
- trieben die frühe Entwicklung der Luftfahrt voran
- führten offiziell den ersten erfolgreichen Flug mit einem motorgetriebenen Flugzeug durch

Lies mal weiter!
Seite 10, 26, 28

Doppel- und Mehrdecker

In diesem Doppeldecker konnten zwei Personen hintereinander sitzen.

Viele der ersten Flugzeuge waren Doppeldecker. Sie hatten zwei übereinanderliegende Tragflächen. Es wurden sogar Flugzeuge mit drei und mehr Tragflächen gebaut.

Stabil und wendig

Doppeldecker hatten gegenüber einem Eindecker, also einem Flieger mit einer Tragfläche, zwei Vorteile: Die beiden Tragflächen konnten stabil miteinander verbunden werden. So war ein Doppeldecker – bei gleichem Gewicht – stabiler als ein Eindecker aus demselben Material.
Bei gleicher Flügelfläche benötigte ein Doppeldecker außerdem nur etwa die halbe Spannweite eines Eindeckers. Dies war von Vorteil bei der Handhabung des Flugzeugs am Boden, da es wendiger war.

Schlechte Aerodynamik

Zwei Tragflächen haben jedoch trotz der größeren Stabilität einen Nachteil: Die Luft kann an beiden nicht optimal vorbeiströmen, sie verwirbelt dazwischen. Auch die Streben zwischen den beiden Tragflächen erhöhen den Luftwiderstand. Die Aerodynamik ist nicht so gut wie bei einem Eindecker. In den 1930er-Jahren wurden moderne Baumaterialien wie das leichte und stabile Aluminium entwickelt. Seitdem baut man Hochleistungsflugzeuge nur noch als Eindecker.

Ente und Amphibie

Schon in der Anfangszeit der Fliegerei wurden, neben den Doppeldeckern, viele verschiedene Bauweisen von Flugzeugen ausprobiert. So war zum Beispiel die Steuerung der Flughöhe, also das Höhenleitwerk, beim Enten-Flugzeug nicht am hinteren Ende des Flugzeugs montiert, sondern vor der Tragfläche an der Flugzeugnase. Bekannte Enten-Flugzeuge sind der Flyer der Gebrüder Wright und die Concorde.

Bereits 1911 gab es erste Wasser- und Amphibienflugzeuge. Ein Amphibienflugzeug kann sowohl vom Wasser als auch vom Land aus starten und dort wieder landen.

> Hallo, Laura!
> Gestern war ich mit meinem Bruder auf einer Oldtimer-Flugshow. Es waren fast nur Doppeldecker da. Aus der Ferne sahen sie aus wie Modelle. Sie knatterten wie ein altes Auto. Aber tolle Flugmanöver kann man damit fliegen! Ich durfte mich sogar mal in ein Cockpit setzen. Man fühlt sich wie in einem Cabrio, weil alles offen ist.
> Bis bald,
> dein Tim

Kaum zu glauben
Der „Flyer" wog gerade einmal 230 Kilogramm – fast nichts im Vergleich zum Startgewicht der A380: 560 000 Kilogramm!

Enten-Flugzeuge gab es nicht nur in der Anfangszeit der Fliegerei, auch moderne Flugzeuge sind so gebaut.

Der Doppeldecker aus dem Jahr 1911 hatte Schwimmer und konnte im Wasser starten und landen.

Lies mal weiter!
Seite 22, 24, 39

Die Welt wird kleiner

Preisgelder für Rekordflüge
- Überquerung des Ärmelkanals: 1000 Pfund
- Luftrennen „Rund um Großbritannien": 10 000 Pfund
- Atlantiküberquerung: 10 000 Pfund
- Allein nonstop über den Atlantik: 25 000 Dollar

Der erste Motorflug endete bereits nach 37 Metern. Doch dies war erst der Anfang. Sobald die Flugzeuge leistungsfähiger wurden, begann die Jagd auf Rekorde.

100 000 Euro für 37 Minuten

Der Franzose Louis Blériot überquerte mit seinem Eindecker Blériot XI am 25. Juli 1909 als Erster den Ärmelkanal zwischen England und Frankreich – in 37 Minuten. Er gewann damit den von einer Zeitung ausgelobten Geldpreis von 1000 Englischen Pfund. Das sind heute etwa 100 000 Euro!

Das Flugboot Benoist XIV beförderte auf der ersten Fluglinie in Florida „zwei kleine und einen großen Passagier".

Rasante Entwicklung

1910 erhielt Raymonde de Laroche als erste Frau den Pilotenschein. 1914 wurde in Florida die erste Fluglinie mit einem Wasserflugzeug gegründet.

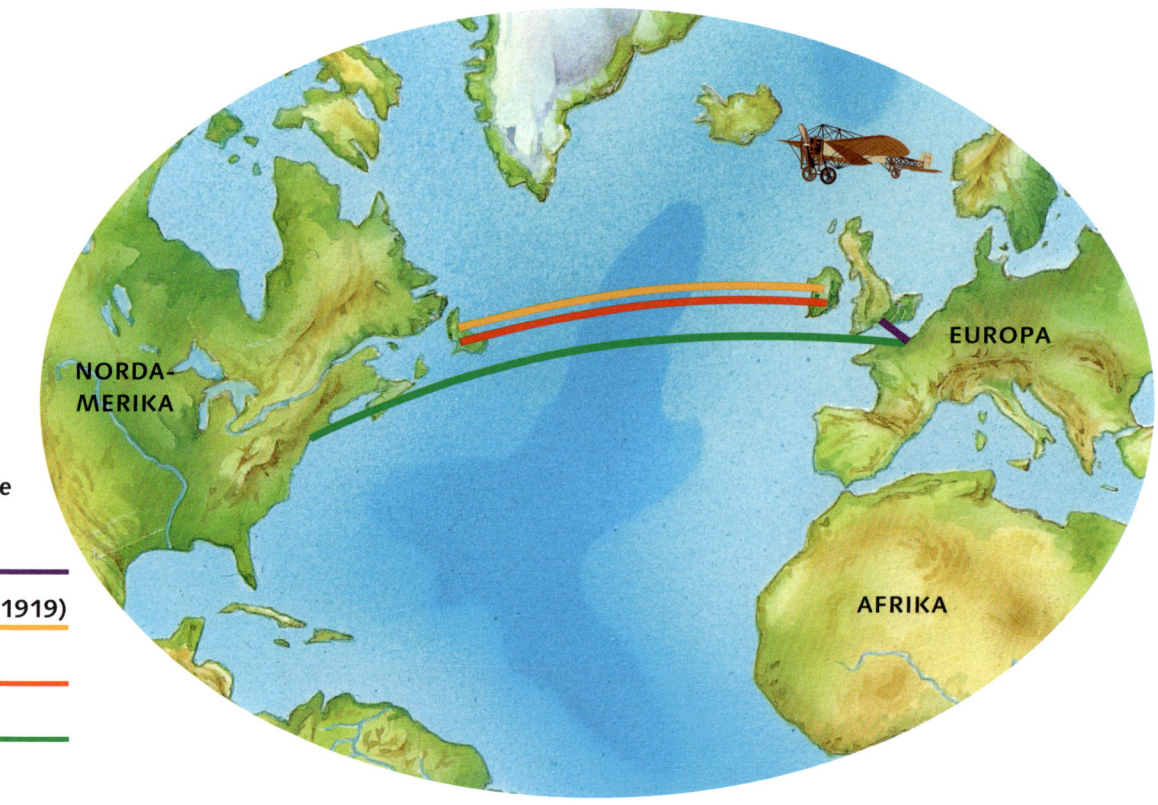

Die Flugrouten bedeutender Flugpioniere

Bleriot (1909)

Alcock/Whitten-Brown (1919)

Earhart (1932)

Lindbergh (1927)

Eine ganz große Herausforderung war die Überquerung des Atlantiks. Im Juni 1919 flogen die Engländer John Alcock und Arthur Whitten-Brown erstmals nonstop von West nach Ost quer über den Atlantik: 3667 Kilometer weit. Der Flug dauerte 16 Stunden.

Allein über den Atlantik

Zwischen dem 20. und 21. Mai 1927 gelang dem Amerikaner Charles Lindbergh mit seinem einmotorigen Eindecker „Spirit of St. Louis" der erste Nonstop-Alleinflug von New York nach Paris. Für die 5796 Kilometer lange Strecke benötigte er 33 Stunden und 30 Minuten. Er gewann damit ein seit 1919 ausgelobtes Preisgeld von 25 000 Dollar. Amelia Earhart war die erste Frau, die allein einen Transatlantikflug wagte. Am 21. Mai 1932 flog sie in nur 13 Stunden und 55 Minuten von Neufundland in Kanada nach Irland.

Du entscheidest selbst:
- Wem gelang der erste Motorflug? ➡ Seite 14/15
- Wie lange dauerte der Rekordflug um die Erde? ➡ Seite 40/41

Charles Lindbergh flog als Erster allein und nonstop von New York nach Paris.

Charles Lindbergh

Lies mal weiter!
Seite 11, 33, 44

Die Technik von Flugzeugen

Warum können Flugzeuge überhaupt fliegen? Dabei spielen verschiedene Kräfte, die auf das Flugzeug wirken, und auch seine Form eine Rolle. Am wichtigsten ist die Aerodynamik, also wie auftriebsstark die Tragflächen und wie gering der Luftwiderstand ist. Zur Technik eines Fluggerätes gehören auch die Steuerung und der Antrieb. Der Blick in ein modernes Cockpit zeigt, wie kompliziert, vielfältig und leistungsfähig die Flugzeugtechnik geworden ist.

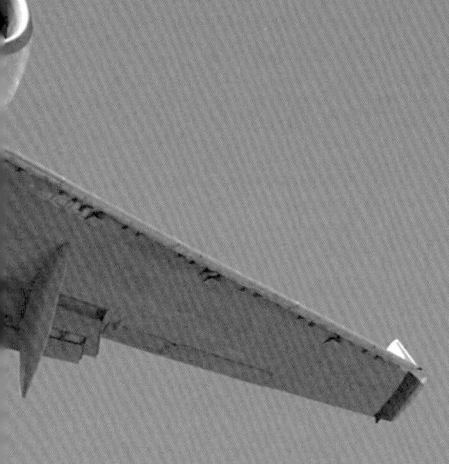

Warum Flugzeuge fliegen

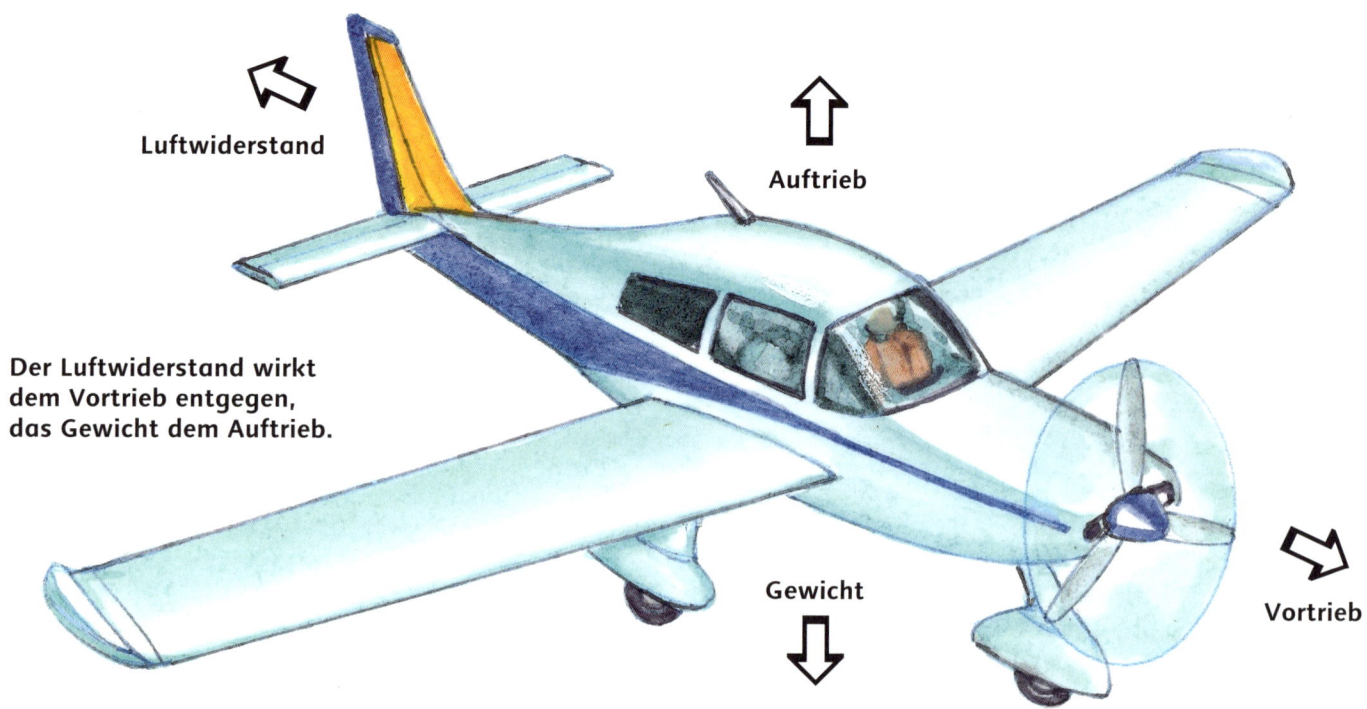

Luftwiderstand

Auftrieb

Der Luftwiderstand wirkt dem Vortrieb entgegen, das Gewicht dem Auftrieb.

Gewicht

Vortrieb

Die vier Hauptkräfte am Flugzeug

- Der Auftrieb „hebt" ein Flugzeug nach oben.
- Der Vortrieb bewegt das Flugzeug nach vorn.
- Das Gewicht drückt jeden Gegenstand auf die Erde.
- Der Luftwiderstand bremst Dinge, die sich bewegen.

Auf ein Flugzeug wirken verschiedene Kräfte. Vortrieb allein genügt nicht zum Fliegen.

Wie schafft es ein Jumbojet abzuheben, aufzusteigen und zu fliegen – und nicht wie ein Stein auf den Boden zu stürzen? Bei Ballonen oder Zeppelinen wissen wir, wie das funktioniert: Für den Auftrieb, das Aufsteigen, sorgt heiße Luft oder ein anderes Gas.

Verschiedene Kräfte

Auf ein fliegendes Flugzeug wirken vier Hauptkräfte: das Gewicht (die Schwerkraft), der Vortrieb, der Auftrieb und der Luftwiderstand. Am Boden wirkt nur die Schwerkraft. Den Vortrieb (auch Schub genannt), also die Bewegung nach vorn, erreicht das Flugzeug durch den vom Motor angetriebenen Propeller oder durch das Triebwerk. Um abheben und fliegen zu können, braucht das Flugzeug vor allem Auftrieb. Den erhält es durch die Lage und die Form der Tragflächen.
Als vierte Kraft kommt noch der Luftwiderstand dazu. Er wirkt der Vorwärtsbewegung entgegen. Ihn spürt man zum Beispiel, wenn man bei Sturm gegen den Wind läuft.

Eine stromlinienförmige Tragfläche erzeugt viel Auftrieb und wenig Luftwiderstand.

Wie erzeugt ein Flügel Auftrieb?

Auf diese Frage haben Forscher verschiedene Antworten gefunden, die im Detail sehr kompliziert sind. Um das Prinzip des Auftriebs zu verstehen, muss man sich eine Tragfläche im Querschnitt vorstellen: Der vordere Teil des stromlinienförmigen Flügels ist rund und dick. Nach hinten läuft er in ein langes, spitzes Ende aus. Vereinfacht kann man sagen: Durch die Form der Tragfläche muss die Luft auf der Oberseite einen längeren Weg zurücklegen und damit schneller strömen. Dadurch entsteht ein Sog. Auf der kürzeren Unterseite strömt die Luft dagegen langsamer. Es entsteht Druck. Also von unten wird nach oben gedrückt, von oben wird sozusagen „gezogen".

Im Bauch eines A380

Wenn man in einem leeren Airbus A380 steht, wird einem erst richtig klar, wie gigantisch dieses Flugzeug ist. Die Kabinenlänge misst 50,68 Meter. Damit hätte – von der Länge her – der erste Motorflug der Gebrüder Wright in einer A380 stattfinden können!

Das Flugzeug kann bis zu 852 Passagiere befördern. Noch unglaublicher ist aber, dass es Triebwerke gibt, die diesen Koloss vom Boden abheben lassen, und Fahrwerke, die das Gewicht von über 400 Tonnen abfangen können. Deshalb hat der A380 auch ein Bugfahrwerk, zwei Fahrwerke unter den Flügeln und zwei Fahrwerke unter jeder Rumpfseite.

Knack den Code!
3. Was bremst Gegenstände, die sich bewegen?
(2. Buchstabe)

Die Fahrwerke werden nach dem Start eingezogen, damit sie weniger Luftwiderstand bieten.

Lies mal weiter!
Seite 25, 60, 70

Die Steuerung

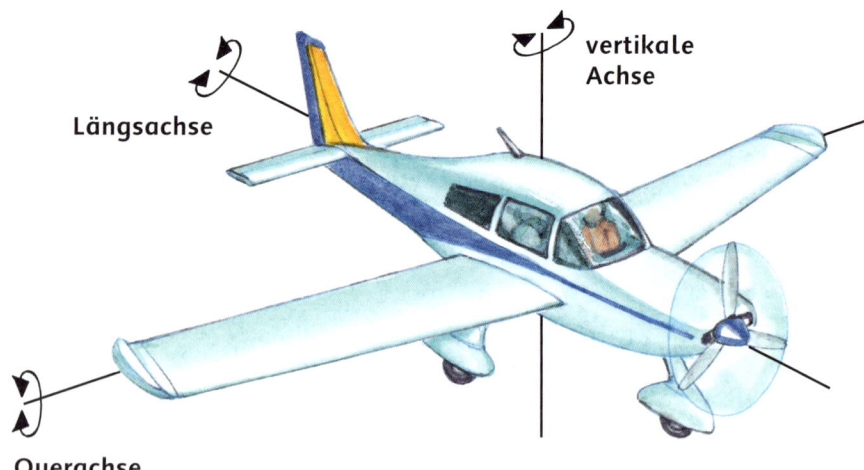

Ein Flugzeug und seine drei Bewegungsachsen

Ein Auto kann man in zwei Richtungen bewegen: seitlich, also nach links und rechts, und entlang der Längsachse, das heißt vor und zurück. Bei Flugzeugen gibt es eine zusätzliche dritte Bewegungsrichtung: vertikal, nach oben und unten. Ein Flugzeug kann sich in alle drei Richtungen bewegen.

Klappen und Ruder

Damit der Pilot das Flugzeug in diese drei Richtungen steuern kann, ist es mit Klappen und Rudern ausgerüstet. Sie lenken den Luftstrom so ab, dass sich das Flugzeug neigt oder dreht. Die Klappen und Ruder sind hinten am Heck und an den Tragflächen angebracht.
Die Höhenruder regulieren die Neigung nach vorn und hinten, das Nicken oder Kippen. Die Querruder steuern die Drehung um die Längsachse, das Rollen. Die Seitenruder dienen der Seitensteuerung, dem Wenden oder Gieren.

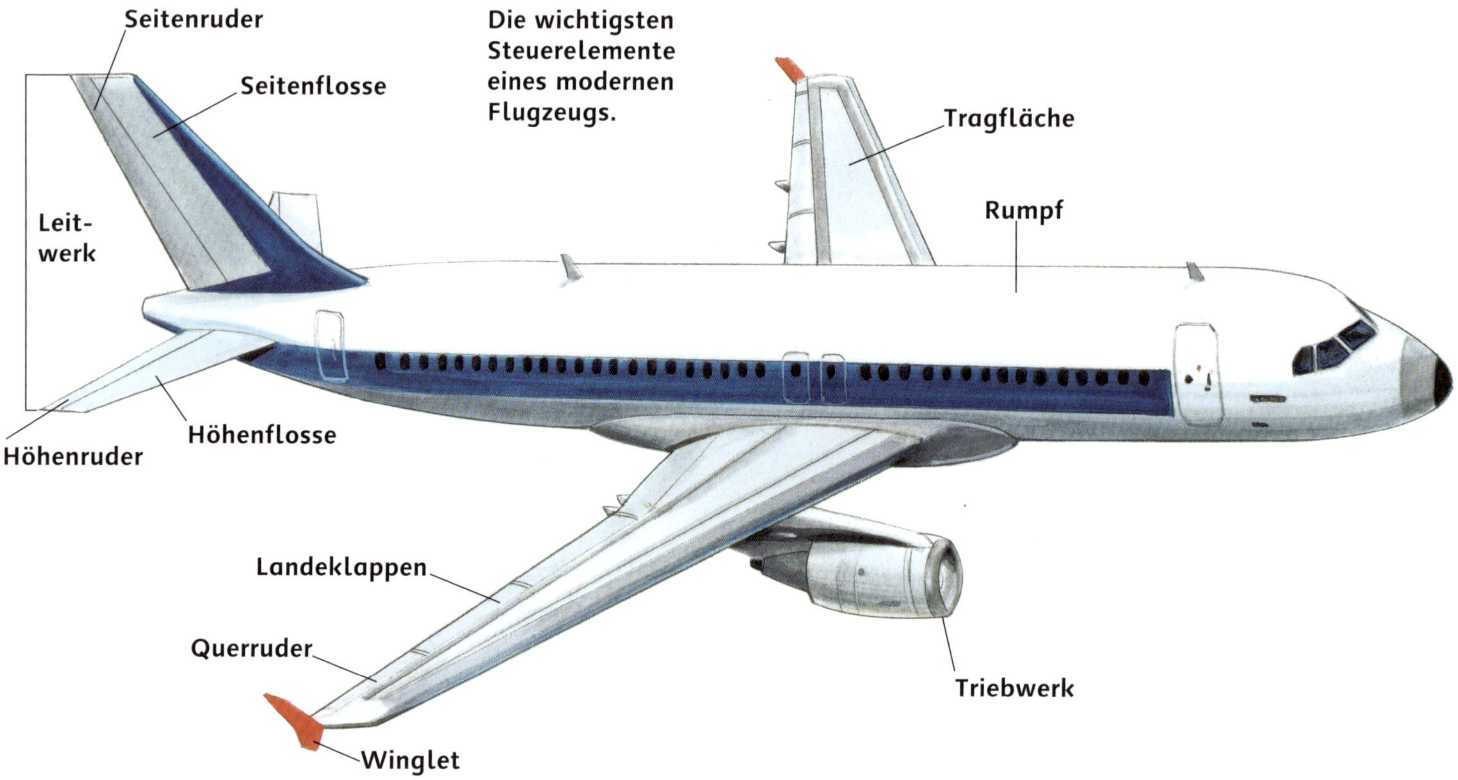

Die wichtigsten Steuerelemente eines modernen Flugzeugs.

Kurven fliegen

Um eine Kurve zu fliegen, bedient der Pilot meist das Seiten- und Querruder gleichzeitig, denn ein Flugzeug „biegt" in einer leichten Schräglage ab.

Lande- und Bremsklappen

Beim Landeanflug wird die tragende Fläche so weit vergrößert, dass der Luftwiderstand das Flugzeug abbremst. Dazu fährt der Pilot die Landeklappen und – bei großen Maschinen – die Vorflügel an den Tragflächen ganz nach unten. Die größere Fläche sorgt bei abnehmender Geschwindigkeit für genügend Auftrieb und verhindert so einen Absturz. Bremsklappen begrenzen die Geschwindigkeit im Sinkflug und auf der Landebahn.

Der Formationsflug erfordert von den Piloten hohe Steuerungskünste.

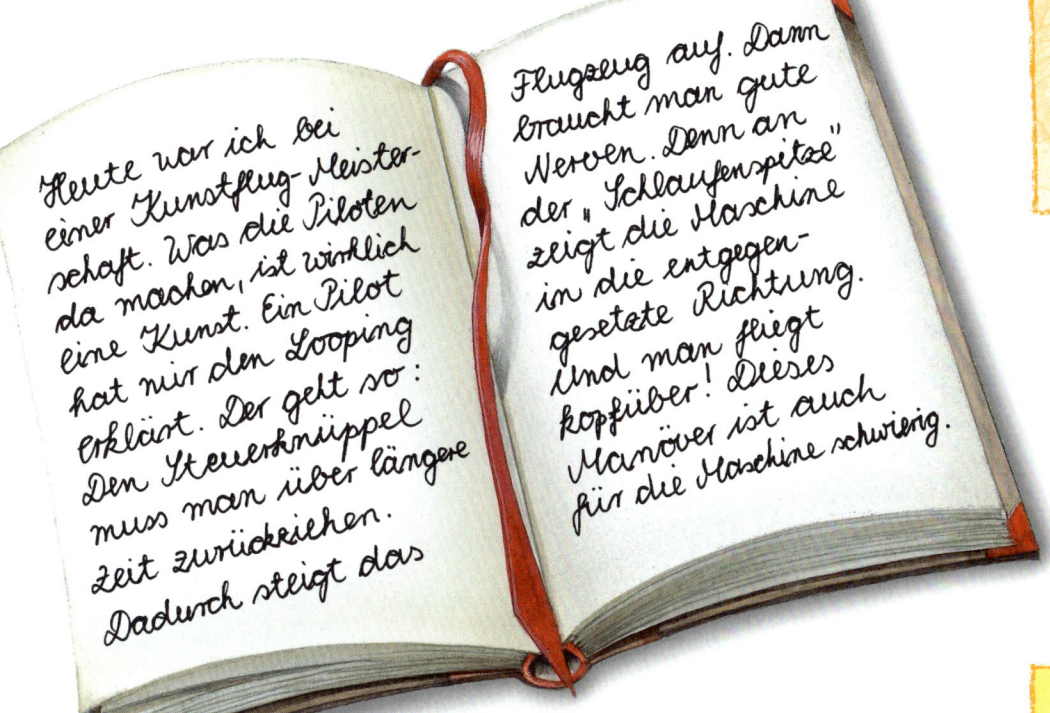

Heute war ich bei einer Kunstflug-Meisterschaft. Was die Piloten da machen, ist wirklich eine Kunst. Ein Pilot hat mir den Looping erklärt. Der geht so: Den Steuerknüppel muss man über längere Zeit zurückziehen. Dadurch steigt das Flugzeug auf. Dann braucht man gute Nerven. Denn an der „Schleifenspitze" zeigt die Maschine in die entgegengesetzte Richtung. Und man fliegt kopfüber! Dieses Manöver ist auch für die Maschine schwierig.

Knack den Code!
4. Womit steuert man die Drehung um die Längsachse?
(6. Buchstabe)

Lies mal weiter!
Seite 22, 49, 60

Cockpit und Fluginstrumente

Der künstliche Horizont zeigt bei schlechter Sicht die Fluglage.

Mit dem Radar können Piloten auch weit entfernte Flugzeuge „sehen" und navigieren.

Sicherheit ist im Flugzeug das Allerwichtigste, besonders bei Passagierflugzeugen. Deshalb sind alle wichtigen Pedale, Steuerknüppel und Instrumente im Cockpit immer doppelt vorhanden: für Pilot und Kopilot.

Alles im Griff

Das Seitenruder betätigt der Pilot über die Ruderpedale. Quer- und Höhenruder werden über einen Steuerknüppel bedient. Dieser kann wie das Lenkrad eines Rennwagens oder wie der Joystick eines Computers aussehen.

Alles im Blick

Bei schlechter Sicht zeigt der künstliche Horizont die Fluglage. Die Himmelsrichtung, in die das Flugzeug fliegt, kann man am Kompass ablesen. Der Wendezeiger gibt Drehrichtung und -geschwindigkeit an. Die absolute Höhe bezogen auf die Meereshöhe liest man vom Höhenmesser ab, die Änderung der Höhe (Steig- und Sinkrate) vom sogenannten Variometer.
Darüber hinaus befinden sich in der Pilotenkanzel die Bedieneinheiten der Funkgeräte, des Autopiloten, der Sprechanlage und vieles mehr.

Ein Blick ins Cockpit: links sitzt der Pilot, rechts der Kopilot.

Niemals blind

Zum Navigieren, also zum Einhalten des Kurses, erhalten die Piloten großer Maschinen auf Displays Informationen über ihren Kurs. Das Kollisionswarngerät und das Bodenwarnsystem stellen sicher, dass es keinen Zusammenstoß gibt. Durch das Wetterradar wissen die Piloten, ob sie sich einem Gewitter nähern. Der Landeanflug wird bei schlechtem Wetter vom Instrumenten-Landesystem (ILS) unterstützt. Dabei gibt ein Sender am Ende der Landebahn Signale zu Höhe und Kurs. So fliegen die Piloten niemals „blind".

Hilfe für den Piloten

Interview mit einem Piloten

Nutzen Sie eigentlich den Autopiloten oft?
Er ist vor allem auf langen Flügen sehr angenehm. Dann kann ich mich auf die Überwachung des Luftraums konzentrieren.

Und was macht er genau?
Der Autopilot ist eine automatische Flugzeugsteuerung. Ich gebe Kurs, Geschwindigkeit usw. ein. Der Computer wertet diese Daten aus und leitet elektrische Steuerimpulse an die sogenannten Servomotoren. Die bewegen dann die Ruder des Flugzeugs. Ist der Autopilot eingeschaltet, bewegt sich die Steuersäule wie von selbst.

Das ist ja wirklich praktisch. Vielen Dank.

Ein Flugschreiber (Blackbox) zeichnet Flughöhe, Geschwindigkeit, Kurs usw. auf.

Du entscheidest selbst:
- Was passiert im Tower?
  ➡ Seite 58/59
- Was müssen Piloten alles können?
  ➡ Seite 66/67

Lies mal weiter!
Seite 15, 58, 66

Motoren und Propeller

Im Umlaufmotor drehen sich die sternförmig angeordneten Zylinder um die Kurbelwelle.

Weil man ohne Motor nur gleiten kann, hat sich auch in Flugzeugen der Verbrennungsmotor rasch durchgesetzt. Damit werden die Propeller, oder bei Jets die Turbinen, angetrieben, die für den nötigen Vortrieb sorgen. Propellerflugzeuge sind zum Beispiel in der Sportfliegerei oder bei Transportflugzeugen im Einsatz.

Spezielle Flugmotoren

Ein Flugmotor ist ein Verbrennungsmotor ähnlich wie der Motor in Autos. Aber er wurde speziell für den Flugeinsatz konstruiert. Er verfügt zum Beispiel zur Sicherheit über eine Doppelzündung: Das heißt es gibt zwei voneinander unabhängige Zündanlagen, die gleichzeitig benutzt werden. Gekühlt wird mit Luft, die kann nicht ausfallen und ist leichter als eine spezielle Kühlflüssigkeit, wie sie in den meisten Autos benutzt wird.

Drei Bauweisen

Es gibt verschiedene Flugzeugmotoren. Beim Umlaufmotor dreht sich nicht wie im Auto eine Kurbelwelle, sondern die Zylinder, also der gesamte Motor. Umlaufmotoren zeichnen sich durch ihre Laufruhe aus. Beim Reihenmotor stehen die Zylinder hintereinander in Reihe. Beim Boxermotor liegen sie gegenüber und sind etwas versetzt angeordnet.

Knack den Code!
5. Was erzeugt bei einem Flugzeug den Vortrieb?
(7. Buchstabe)

In kleinen Flugzeugen wird sehr oft ein Boxermotor eingesetzt.

Noch heute werden große Transportflugzeuge von Propellern angetrieben.

Drehende Flügel

Ein Propeller ist im Prinzip eine Stange (Welle), um die herum sich drehende Flügel angeordnet sind. Zu Beginn der Luftfahrt bestanden Propeller aus verleimten Holzstreifen und sahen noch aus wie Paddel. Für höhere Geschwindigkeiten mussten die Propellerblätter dünner sein und es wurden leichtere Materialien wie Aluminium verwendet. Dünnere Blätter bieten einen geringen Luftwiderstand und damit eine bessere Aerodynamik. Wenn sich der Propeller dreht, strömt die Luft über der gewölbten Oberseite schneller als über der Unterseite. Dadurch entsteht ein Druckunterschied, der das Flugzeug vorwärtstreibt.

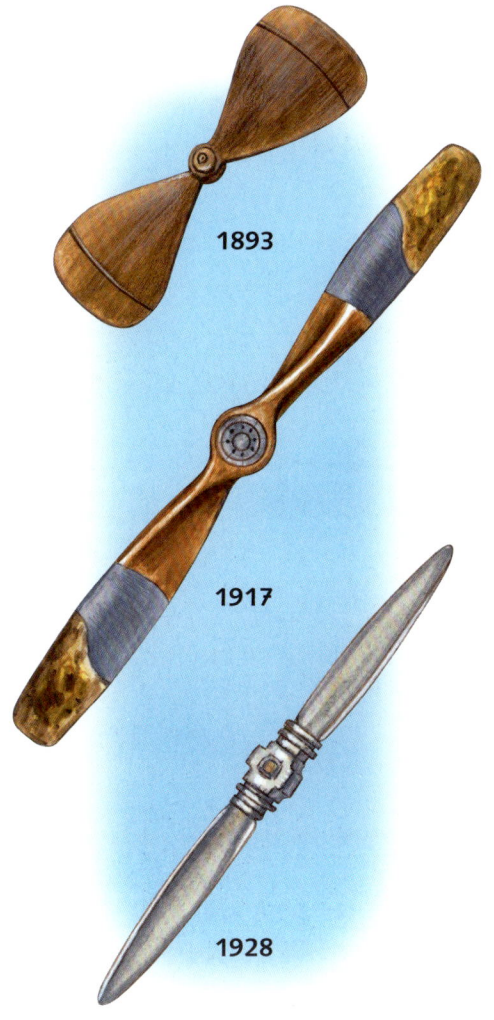

1893

1917

1928

Berühmte Propellerflugzeuge

- **„Flyer"**: erster Motorflug der Gebrüder Wright
- **„Spirit of St. Louis"**: erste Allein-Non-stop-Überquerung des Atlantik von Charles Lindbergh
- **„Winnie Mae"**: erster Flug rund um den Globus von Wiley Post
- **Lockheed Starliner**: mit 4-mal 3450 PS eines der stärksten Propellerflugzeuge aller Zeiten

Propeller aus Holz sahen oft aus wie Paddel. Moderne Aluminium-Propeller erzeugen weniger Luftwiderstand.

Lies mal weiter!
Seite 14, 30, 48

Jettriebwerke

Ein Grundprinzip des Jettriebwerks ist der Rückstoß. Denn es saugt Luft an, verdichtet sie und stößt sie aus.

Immense Leistung

Jettriebwerke (Düsen- oder Strahltriebwerke) sind Gasturbinen. Sie saugen die Umgebungsluft ein und pressen sie in einem Verdichter zusammen. Das erhöht den Druck. In der Brennkammer wird der Treibstoff (Kerosin) eingespritzt und zusammen mit der Luft verbrannt. Dadurch steigen Temperatur und Strömungsgeschwindigkeit. Die dem Gasgemisch so zugeführte Strömungsenergie wird in der Turbine entladen und über Schaufelräder in eine Drehbewegung umgesetzt. In der Schubdüse wird die eigentliche Vortriebskraft (Schub) durch das ausströmende Gas erzeugt.

Ein Airbus A380 hat vier Triebwerke.

Ein Triebwerk von vorn mit seinem Schaufelrad (oben) und im Querschnitt (unten)

Extraschub

Wenn schwer beladene Transportflugzeuge auf einer zu kurzen Startbahn starten müssen, bekommen sie eine Starthilfe: Man montiert kleine Raketen am Rumpf des Flugzeugs. Die Triebwerke eines Großraum- oder Militärjets haben manchmal mehr als 50 000 PS Leistung: Genug Schub, um ein dahinter geparktes Auto 25 Meter weit zu schleudern.

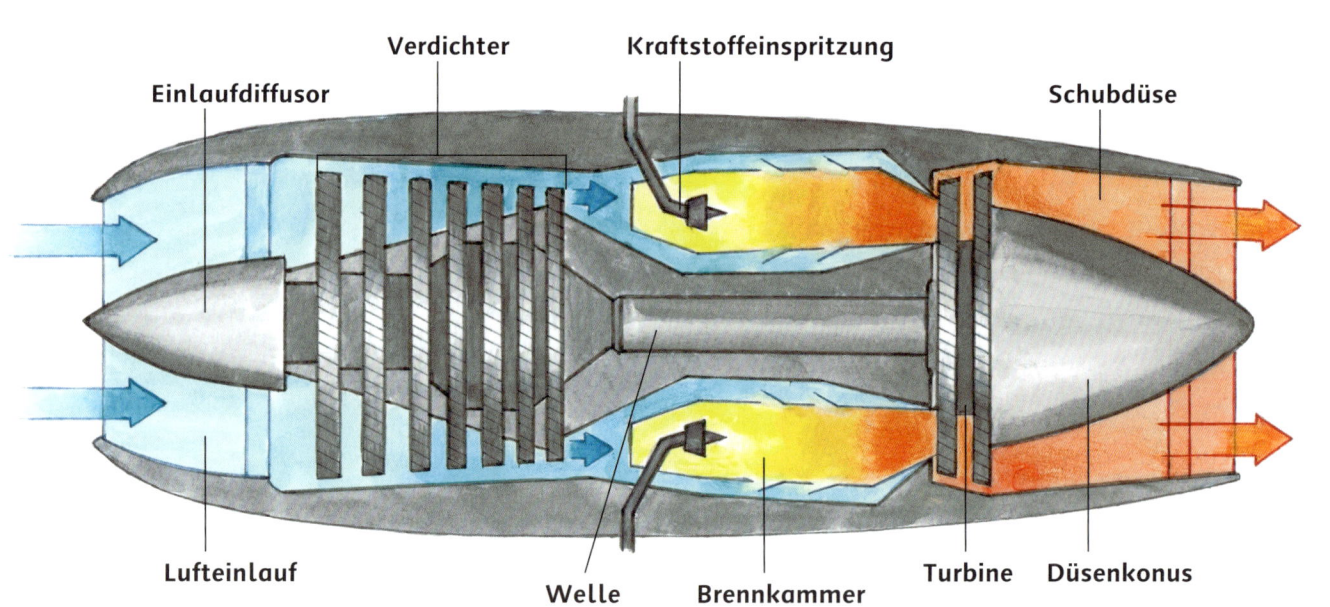

Auf kürzeren Strecken fliegen Turboprops wirtschaftlicher als Jets.

Turboprop-Triebwerke

Turboprop-Triebwerke sind eine Kombination aus Gasturbine (wie beim Jet) und Propeller. Der Schub kommt dabei nahezu ausschließlich vom Propeller, auf den die erzeugte Energie der Turbine übertragen wird. Flugzeuge mit Turboprop-Triebwerk sind bis zu 870 km/h schnell. Sie werden nur im unteren Luftraum (bis 6500 Meter) eingesetzt, denn in höheren Luftschichten ist der Luftdruck für diese Form des Antriebs zu niedrig.

Gefahr durch Vögel

Wenn Vögel und Flugzeuge zusammenstoßen, geht dies für die Vögel meist leider nicht gut aus und am Flugzeug können teure Schäden entstehen. Gefährlich kann es aber auch für die Passagiere werden, wenn durch „Vogelschlag" ein Motor oder ein Triebwerk ausfällt.

Deshalb versucht man die Vögel von den Flughäfen fernzuhalten. Dazu legt man zum Beispiel alle Grünflächen rund um den Flughafen herum als Trockenwiesen an. Sie bieten Vögeln weniger Nahrung und eignen sich nicht als Nistplatz. Krähenschwärme etwa werden durch das Abfeuern einer grell leuchtenden und laut knallenden Spezialmunition vertrieben. Und in Amsterdam pflanzte man rund um die Rollfelder Tulpen an. Deren Geruch mögen Vögel nämlich gar nicht.

Knack den Code!

6. Wie nennt man eine Kombination aus Gasturbine und Propeller?
(1. Buchstabe)

Lies mal weiter!
Seite 22, 32, 36

Raketentriebwerke

Chuck Yeager durchbrach 1947 als erster Mensch mit der Bell X-1 die Schallmauer.

Raketen erhalten ihren Vortrieb zum Aufsteigen durch einen Antriebstrahl, der einen Schub auslöst. Sie werden als Antrieb von Trägerraketen und Raumfahrzeugen eingesetzt. Längst gibt es aber auch Flugzeuge, die diese Technik nutzen: die Raketenflugzeuge.

Daten der Bell X-1
Länge: 9,45 m
Höhe: 3,30 m
Spannweite: 8,53 m
Startgewicht: 6078 kg
Höchstgeschwindigkeit: 2736 km/h

Raketenflugzeuge

Raketentriebwerke gab es schon früh. Die ersten bemannten Raketenflüge unternahm Fritz Stamer 1928 auf der Wasserkuppe (einem Berg in der Rhön) mit dem Segelflugzeug „Ente".

Das erste Flugzeug der Welt mit einem regelbaren Raketentriebwerk war die Heinkel He 176. Ihr erster Flug fand am 15. Juni 1939 statt.

Das erste Raketenflugzeug: Ein Segelflugzeug vom Typ „Ente"

Die Spaceshuttle-Missionen der NASA wären ohne Raketentechnik nicht möglich gewesen.

Das erste in Serie gebaute Raketenflugzeug der Welt war 1943 die Messerschmitt Me 163 (Komet). Als erstes Flugzeug erreichte sie eine Geschwindigkeit von mehr als 1000 km/h.
Die amerikanische Bell X-1, ebenfalls ein Raketenflugzeug, war speziell dafür entwickelt worden, die Schallmauer zu durchbrechen. Die Form des Flugzeugrumpfes glich einer riesigen Gewehrkugel.

Geschwindigkeitsrekord

Im November 2004 stellte ein unbemanntes Flugzeug der NASA einen neuen Geschwindigkeitsrekord auf: Die Maschine erreichte 9,6-fache Schallgeschwindigkeit. Sie wurde von einer Rakete „huckepack" in die Luft befördert und auf 5-fache Schallgeschwindigkeit beschleunigt. Dann katapultierte eine andere Rakete das nur 3,60 Meter lange Hyperschall-Flugzeug in fast 30 Kilometer Höhe. Im Sinkflug erreichte es dann die Spitzengeschwindigkeit von 10 630 km/h. Mit diesem Tempo könnte der Jet die Strecke Berlin – New York in etwa 30 Minuten zurücklegen. Ingenieure gehen davon aus, dass in den nächsten 25 Jahren Geschwindigkeiten von bis zu 15 Mach, also der 15-fachen Schallgeschwindigkeit, erreicht werden.

Du entscheidest selbst:
- Welche Überschallflugzeuge gibt es?
  ➡ Seite 40/41
- Woran forschen Ingenieure heute?
  ➡ Seite 70/71

Lies mal weiter!
Seite 22, 30, 37

Flugmaschinen

Heute gibt es eine große Vielfalt an Flugmaschinen: Flugzeuge, Hubschrauber, Drachen, Ballone, Luftschiffe usw. Sie werden für die verschiedensten Zwecke genutzt: Einige werden im Flugsport eingesetzt, andere als Passagiermaschinen, Privatflugzeuge oder als Frachtflugzeuge. Auch für besondere Aufgaben gibt es spezielle Flugzeuge wie die Rettungs- und Löschflugzeuge. Und es gibt die extrem schnellen Überschallflugzeuge.

Große Passagierflugzeuge

Lange Zeit war die Boeing 747 das größte Flugzeug der Welt.

Bereits 1911 wurden auch Passagiere in Flugzeugen transportiert. In der „Aérobus" von Blériot hatten zum Beispiel elf Fluggäste Platz. Heute ist es ganz selbstverständlich, lange Strecken mit dem Flugzeug zurückzulegen.

Die „Tante Ju"

Als erstes richtiges Passagierflugzeug gilt die deutsche Junkers F 13 aus dem Jahr 1919. Sie war auch die erste Maschine ganz aus Metall und bot vier Passagieren Platz. Wichtig für die Entwicklung war die Junkers Ju 52, „Tante Ju" genannt. Sie kam seit 1932 bei 30 Fluggesellschaften in 25 Ländern weltweit zum Einsatz.

Das Düsenzeitalter beginnt

1949 nahm die de Havilland DH 106 Comet, das erste Düsenverkehrsflugzeug der Welt, ihren Dienst auf. 1969 startete dann der erste Jumbojet. Die Boeing 747 war lange das mit Abstand größte Passagierflugzeug.

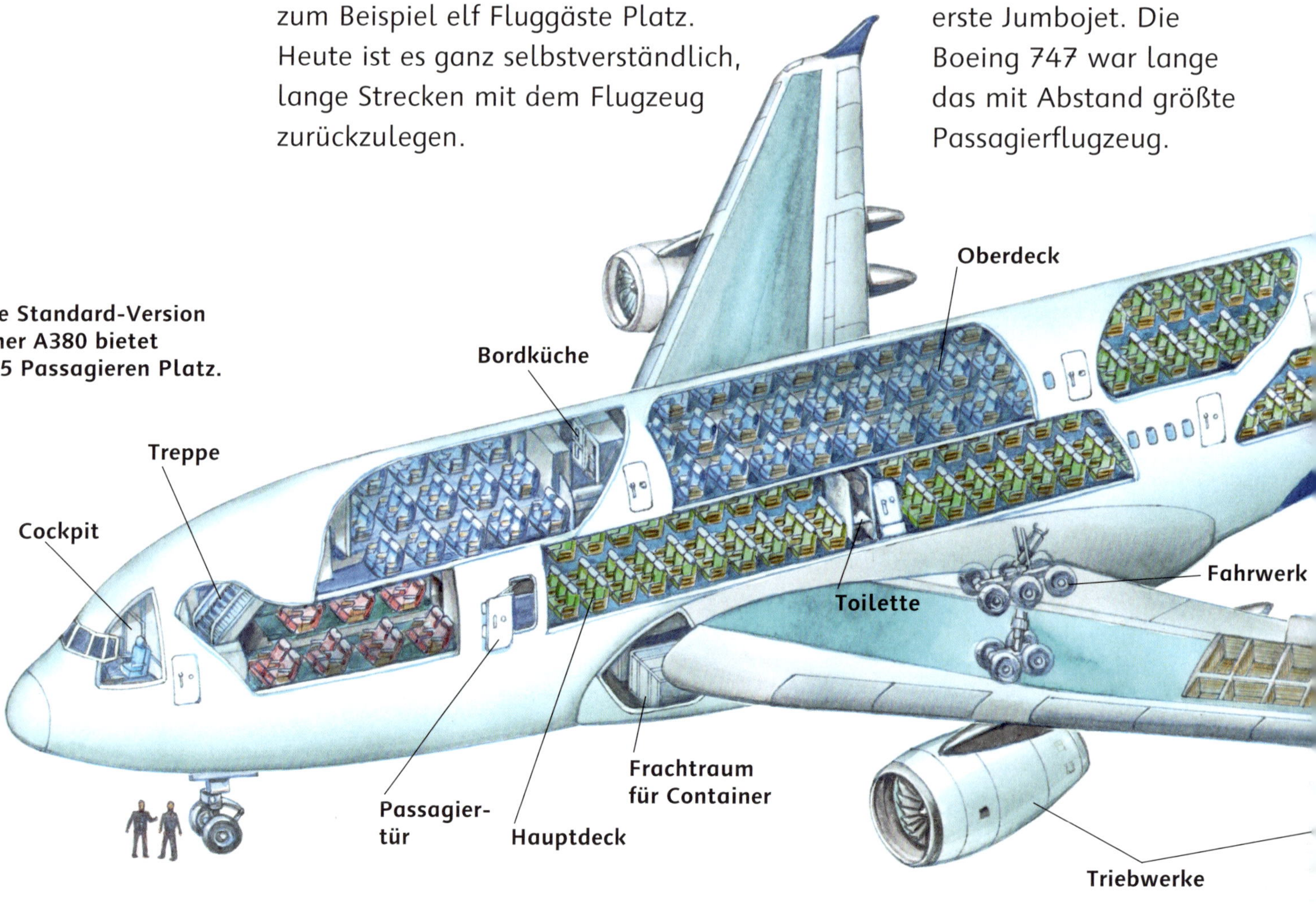

Die Standard-Version einer A380 bietet 525 Passagieren Platz.

Cockpit
Treppe
Bordküche
Oberdeck
Passagiertür
Hauptdeck
Toilette
Frachtraum für Container
Fahrwerk
Triebwerke

Kaum zu glauben

Zu Beginn der Luftfahrt saßen die Passagiere teilweise in Korbsesseln – ohne Gurt.

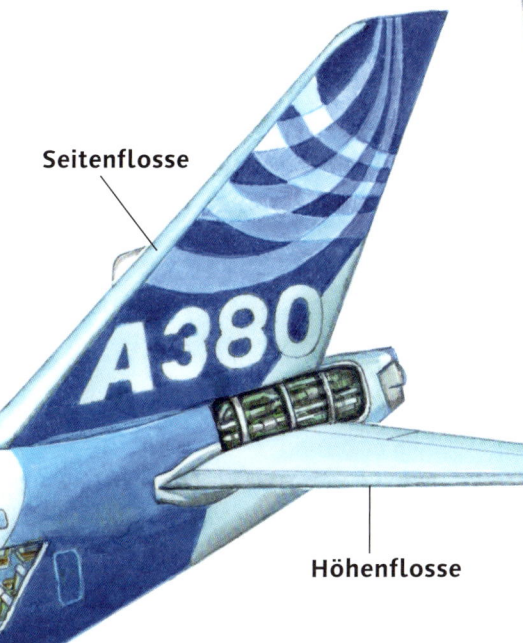

Seitenflosse

Höhenflosse

Flug in der Junkers Ju 52

Obwohl die Ju 52 bereits 1936 zu ihrem Jungfernflug startete, fliegt sie auch heute noch. Sie wurde inzwischen jedoch komplett überholt. Nun ist die „alte Dame" regelmäßig über Deutschland im Einsatz. Niemand stört sich an den knallenden Fehlzündungen, die blaugraue Wolken ausstoßen. „Das ist kein Lärm, sondern ein historischer Sound", erklärt der Pilot. Wenn die Motoren einmal rundlaufen und die Ju 52 sanft abhebt, erleben die 16 Passagiere einen fantastischen Ausblick: Bei 180 km/h fliegen sie in nur 600 Meter Höhe.

Das Superflugzeug

Seit 2005 gibt es einen neuen größten Passagierjet: Der Airbus A380 ist ein Großraumflugzeug mit vier Triebwerken und zwei durchgängigen Passagierdecks. Ausschlaggebend für die Entwicklung des Flugzeugs war, dass eine große Zahl an Passagieren Platz fand und weniger Betriebskosten pro Person und Kilometer anfielen. Dies konnte nur durch Einsparungen beim Gewicht und den Einsatz von fortschrittlichen Materialien und neuartigen Bauweisen erreicht werden. Die A380-800 hat vier Triebwerke. Sie saugen 1,55 Tonnen Luft pro Sekunde an. Die Tanks fassen insgesamt 324 540 Liter Kerosin.

Du entscheidest selbst:
- Was passiert mit dem Flugzeug am „Finger"?
  ➡ Seite 56/57
- Wie oft muss ein Flugzeug gewartet werden?
  ➡ Seite 68/69

Lies mal weiter!
Seite 40, 42, 56

Kleine Passagierflugzeuge

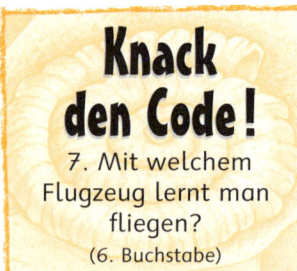

Knack den Code!
7. Mit welchem Flugzeug lernt man fliegen?
(6. Buchstabe)

Die Cessna 172 Skyhawk
- Sitze: 4
- Leistung: 145 bis 210 PS
- Spannweite: 11 m
- Länge: 8,28 m
- Startgewicht: 1111 kg
- Reisegeschwindigkeiten: 195 bis 250 km/h
- Mindestgeschwindigkeit: 84 km/h

Nicht nur große Jumbojets fliegen am Himmel, sondern auch kleinere Flugzeuge. Viele dieser Maschinen wurden speziell für ihren Einsatzzweck konstruiert. So eignen sich zum Beispiel Kunstflugzeuge wegen ihrer Wendigkeit für außergewöhnliche Flugfiguren.
Schulflugzeuge sind meist leicht zu fliegende einmotorige Flugzeuge. Mit ihnen werden grundlegende Manöver geübt. Diese Maschinen haben normalerweise zwei Sitze, damit der Lehrer dem Flugschüler helfen kann.

Reisen

Kleine Reiseflugzeuge ermöglichen ein bequemes Reisen. Die Cessna 172 Skyhawk ist der bekannteste Privatflieger. Sie hat vier Sitze.

Der Learjet bietet Platz für acht Passagiere.

Viel teurer, aber auch schneller ist der Learjet. Manager und Filmstars reisen unter anderem mit diesem zweistrahligen Geschäftsreiseflugzeug. Seine Spannweite beträgt rund 12 Meter. Er kann bis zu 872 km/h schnell fliegen und maximal acht Passagiere befördern.

Die Cessna wird auch im Such- und Rettungsdienst und für Luftbildflüge eingesetzt.

Menschen retten

Die Menschen in den weit abgelegenen Gebieten Australiens werden von den „Fliegenden Ärzten" medizinisch versorgt. Diese Ärzte sind in speziell ausgerüsteten Flugzeugen im Einsatz und fliegen Kranke zum Beispiel in das nächste Krankenhaus.

Auf dem Wasser schwimmen

In manchen Gegenden Alaskas oder Kanadas zum Beispiel sind kleine Wasserflugzeuge fast so selbstverständlich wie bei uns Autos. Die Entfernungen von Stadt zu Stadt sind dort riesig und es gibt zum Teil nur wenige Straßen. Wasserflugzeuge und Flugboote, bei denen der gesamte Rumpf schwimmen kann, können nur vom Wasser aus starten und im Wasser landen. Amphibienflugzeuge haben dagegen zusätzlich ein Fahrwerk wie ein „normales" Flugzeug und können auch an Land starten und landen.

Ein Wasserflugzeug hat meist unter jeder Tragfläche einen leichten, bootartigen Schwimmer.

Die „Fliegenden Ärzte" versorgen Menschen in den gering besiedelten Gebieten Australiens.

Lies mal weiter!
Seite 36, 42, 48

Überschallflugzeuge

Unter Mach 1 fliegt das Flugzeug hinter der Schallmauer.

Bei Mach 1 erreicht die Nase die Schallmauer.

Über Mach 1 überholt das Flugzeug die Schallmauer: Man hört einen Knall.

Über Mach 1 tritt der Wolkenscheibeneffekt auf: Wasserdampf entsteht und „fliegt" mit.

Schall ist etwa 1000 km/h schnell. Schneller als der Schall fliegen heute nur noch Kampfflugzeuge, etwa Aufklärer oder Jäger. Aber auch Passagierflugzeuge wie die Concorde haben sich schon im Überschallflug bewährt.

Jenseits von Mach 1

Die Schallgeschwindigkeit ändert sich mit der Temperatur. Sie beträgt in 10 000 Meter Flughöhe bei einer Temperatur von −50 °C rund 1080 km/h. In Bodennähe liegt die Schallgeschwindigkeit wegen der höheren Temperaturen bei 1150 bis 1220 km/h.
Unterhalb der Schallgeschwindigkeit fliegt das Flugzeug innerhalb der Druckwellen, die es aussendet. Diese breiten sich dann mit Schallgeschwindigkeit aus. Erreicht das Flugzeug die Schallgeschwindigkeit Mach 1, sind das Flugzeug und seine Druckwellen gleich schnell. Dadurch verdichten sich die Druckwellen zu einer Schockwelle, die senkrecht vor dem Flugzeug steht. Das ist die Schallmauer. Beschleunigt das Flugzeug weiter über Mach 1 hinaus, überholt es diese Schockwelle. Dabei ist der Überschallknall am Boden zu hören.

Das Militär setzt viele Überschallflugzeuge ein, etwa zur Aufklärung oder zum Jagdschutz.

Die maximale Fluggeschwindigkeit der Tupolew lag bei 2500 km/h oder Mach 2,35.

Tu-144 und Concorde

Die russische Tupolew Tu-144 war 1968 das erste Verkehrsflugzeug, das Überschallgeschwindigkeit erreichte. Die Concorde, die im Jahr 1976 ihren Flugdienst aufnahm, war ein Überschallverkehrsflugzeug mit Platz für rund 100 Passagiere. Für den Flug zwischen Paris und New York benötigte sie nur etwas mehr als drei Stunden. Ihre Höchstgeschwindigkeit betrug Mach 2,2. Dabei verbrauchte sie über 25 000 Liter Kerosin in der Stunde. 1995 gelang einer Concorde sogar ein Rekordflug um die Erde: Sie benötigte nur 31 Stunden, 27 Minuten und 49 Sekunden. Nach dem Absturz einer Maschine wurde der Flugbetrieb mit der Concorde im Jahr 2003 ganz eingestellt.

Im August 1995 gelang einer Concorde der schnellste Flug um die Welt.

Du entscheidest selbst:
- Wer flog als Erster allein über den Atlantik?
  ➡ Seite 18/19
- Wer umrundete die Erde in einem Heißluftballon?
  ➡ Seite 46/47

Geschwindigkeiten im Vergleich

- Doppeldecker: 10,8 km/h
- Cessna: 195 bis 250 km/h
- Airbus A380: 1000 km/h
- Concorde: 2336 km/h
- Spaceshuttle: 27 875 km/h

Lies mal weiter!
Seite 30, 32, 70

Transport- und Frachtflugzeuge

Knack den Code!
8. Welches ist das größte je gebaute Flugzeug der Welt?
(1. Buchstabe)

Transport- und Frachtflugzeuge müssen robust, zuverlässig und variabel für den Personen-, Material- oder Frachttransport sein. Und man muss sie schnell beladen können.

Große Klappe

Bei vielen Transportflugzeugen können Fahrzeuge über eine Bug- oder Heckklappe in das Flugzeug fahren. Transportiert werden zum Beispiel Hilfsgüter, Post, Fahrzeuge, Ausrüstung, Personen oder auch große Tiere wie Elefanten.

Der fliegende Wal

Der Airbus A300-600ST Super Transporter ist ein speziell für große Lasten entwickeltes Transportflugzeug. Dieses Flugzeug wird auch Airbus Beluga, nach dem Weißwal (Beluga), genannt. Mit der Beluga kann zum Beispiel das ganze Rumpfteil eines Airbus A340 von Hamburg nach Toulouse zur Endmontage geflogen werden. In seinem riesigen Laderaum kann die Beluga etwa 47 Tonnen Gewicht befördern.

Die Beluga kann sogar das große Rumpfteil eines Airbus A319 transportieren.

Kaum zu glauben

Ein Wasserflugzeug kann bis zu 27 000 Liter Wasser oder Löschmittel in seinem Rumpf aufnehmen.

Beim Löschen darf der Pilot nicht zu tief fliegen, sonst wird es für ihn gefährlich.

Hercules und Antonow

Die Antonow An-225 ist das größte je gebaute Flugzeug der Welt. Sie hält den Rekord der schwersten je transportierten Luftfracht in einem Flugzeug: 247 Tonnen. Ein sehr vielseitiges Transportflugzeug ist die Lockheed C-130 Hercules. Sie wird beim Militär eingesetzt, aber auch in Katastrophengebieten zum Abwurf von Nahrungsmitteln. Es gibt auch eine Version der Lockheed zur Betankung anderer Flugzeuge in der Luft.

Löschflugzeuge

Länder, in denen große Waldbrandgefahr herrscht, verfügen über Löschflugzeuge. Im „Überflug" nehmen sie aus Seen oder dem Meer Tausende Liter Löschwasser auf und werfen es dann in wenigen Sekunden über dem brennenden Gebiet ab.

Transportflugzeuge wie die Antonow An-225 sind sehr vielseitig einsetzbar.

Lies mal weiter!
Seite 39, 49, 52

Luftschiffe

Ein Luftschiff ist im Gegensatz zu einem Ballon nicht vom Wind abhängig. Es lässt sich mithilfe seiner Ruder lenken. Seine Luftschraube ermöglicht ihm die Vorwärtsbewegung.

Graf von Zeppelin

Ferdinand Graf von Zeppelin baute 1900 das erste wirklich brauchbare Luftschiff aus einem zylinderförmigen, mit Baumwollstoff überzogenen Gerüst. Es hatte eine Länge von etwa 128 Metern und einen Durchmesser von 12 Metern. Die Passagiere waren in zwei Aluminiumgondeln unter dem riesigen Rumpf untergebracht.

Über den Atlantik

Mit Zeppelin-Luftschiffen wurde in den 1930er-Jahren sogar ein regelmäßiger Luftverkehr zwischen Europa und Nord- und Südamerika über den Atlantik betrieben. Damals war die LZ 129 Hindenburg das größte und leistungsfähigste Luftschiff. Als die Hindenburg am 6. Mai 1937 in Lakehurst in den USA zur Landung ansetzte, schoss plötzlich aus dem Heck eine Stichflamme und setzte das gesamte Luftschiff sekundenschnell in Brand. 13 Passagiere und 22 Besatzungsmitglieder kamen ums Leben. Diese Katastrophe setzte der glanzvollen Zeit deutscher Zeppeline ein Ende.

Die Zeppeline waren bis zu 246,7 Meter lang und bis zu 132,5 km/h schnell.

Der Zeppelin NT ist 75 Meter lang und kann 12 Passagiere befördern.

Der Neubeginn

Zu Beginn der 1990er-Jahre begann in Deutschland die Luftschifftechnik Friedrichshafen, ein völlig neues Luftschiff zu entwickeln: den mit Heliumgas gefüllten und mit modernsten Einrichtungen versehenen Zeppelin NT (NT = Neue Technologie).

Heute gibt es auch Zeppeline, die mit einer Aufschrift für Firmen oder Produkte werben und mit denen man Rundflüge machen kann.

Luftschiffe nutzt man außerdem beim Küstenschutz, bei der Überwachung von Umwelt und Verkehr und für wissenschaftliche Erkundungen.

Größenvergleich
- Santos-Dumont: ca. 20 Meter
- Boeing 747 „Jumbojet": 70,60 Meter
- Zeppelin NT: 75 Meter

Du entscheidest selbst:
- Wann spricht man von fahren statt fliegen? ➡ Seite 12/13
- Wie steuert man ein Flugzeug? ➡ Seite 24/25

Lies mal weiter!
Seite 12, 22, 47

Segelflugzeuge & Co.

Knack den Code!
9. Wie nennt man eine aufwärtsgerichtete Luftbewegung?
(5. Buchstabe)

Segelflugzeuge schweben wie große Vögel ganz ohne Motorkraft durch die Lüfte.

Segelflieger fliegen normalerweise ohne Motor. Sie bewegen sich in der Luft, indem sie die Thermik ausnützen.

Mit der Thermik schweben

Durch die Sonneneinstrahlung erwärmt sich die Luft am Boden. Wenn warme Luft nach oben steigt, entsteht eine aufwärtsgerichtete Luftbewegung, Thermik genannt. Mit solchen Aufwinden kann ein Segelflieger dann – wie die Vögel – in engen Spiralen hoch in die Luft getragen werden.

Starthilfen

Doch wie kommt ein Segelflieger überhaupt in die Luft? Zum Beispiel mit dem Windenstart. Dabei wird das Segelflugzeug mithilfe einer Seilwinde in die Luft gezogen. Das Segelflugzeug wird auf etwa 90 bis 130 km/h beschleunigt. Durch den Auftrieb, der an den Tragflächen entsteht, hebt das Segelflugzeug ab. Segelflieger können sich aber auch von einem Sportflugzeug ziehen lassen, um Auftrieb zu erzeugen.

Die Thermik trägt den Segelflieger nach oben.

Kaum zu glauben

In den USA darf man tragbare Ultraleichtflugzeuge sogar ohne Pilotenschein fliegen.

> Das war ein super Tag! Zuerst waren wir im Fliegermuseum auf der Wasserkuppe. Da erfährt man ganz viel über die Geschichte der Segelfliegerei. Und dann sind wir noch mit einem Segelflugzeug geflogen! Das war ein komisches Gefühl, als der Segler von der Winde hochkatapultiert wurde. Aber dann war es toll, wie der Pilot die Thermik nutzte und mit einem Falken um die Wette nach oben kreiste. Später will ich das auch mal lernen. Die Ausbildung kann ich mit Sondergenehmigung schon mit 13 beginnen!

Heißluftballone

Mitte des 20. Jahrhunderts wurden Heißluftballone dank Propangasheizung und Kunststoffhüllen immer beliebter. Die größte Herausforderung für Ballonfahrer war die Umrundung der Erde. Dies gelang 1999 dem Schweizer Bertrand Piccard und dem Briten Brian Jones: In 19 Tagen, 21 Stunden und 55 Minuten umrundeten sie die Welt.

Das Fahren im Heißluftballon ist ein beliebter Sport.

Drachen und Gleitschirme

Die billigste Möglichkeit zu fliegen sind Hängegleiter, Drachen, Deltasegler und Gleitschirme. Sie haben keinen Motor und sind leicht genug, um von ihrem Piloten bei Start und Landung getragen zu werden. Zum Starten brauchen sie nicht einmal eine Winde.

Bei Windstille kann ein Hängegleiter aus 100 m Höhe etwa 1 bis 2 km weit gleiten.

Lies mal weiter!
Seite 10, 12, 22

Hubschrauber

Hubschrauber (Helikopter) können nicht so schnell und auch nicht so hoch fliegen wie Flugzeuge. Aber sie haben einige andere Vorteile. Sie können vorwärts-, rückwärts- und seitwärtsfliegen, in der Luft stehen bleiben und auf kleinstem Raum starten und landen.

Haupt- und Heckrotor

Auf- und Vortrieb werden bei Hubschraubern nicht von fest montierten Tragflächen erzeugt, sondern von sich drehenden Flügeln, den Rotoren. Der waagerechte Hauptrotor sitzt über dem Rumpf. Am Heck des Hubschraubers ist ein Ausgleichsrotor angebracht. Ohne ihn würde sich der Hubschrauber durch die Drehbewegung des Hauptrotors ständig im Kreis drehen.

Der Lastenhubschrauber Sikorsky S-64 kann über 12 Tonnen Gewicht transportieren.

Tandemhubschrauber

Sogenannte Tandemhubschrauber haben einen zweiten Hauptrotor am Heck. Er übernimmt die Funktion des Ausgleichsrotors. Dazu dreht er sich in entgegengesetzter Richtung zum ersten Hauptrotor, ebenfalls um eine vertikale Achse.

Der Eurocopter 145 fliegt mit einer Reisegeschwindigkeit von rund 240 km/h.

Steuerung

Mit einem Steuerknüppel (Cyclic) kippt der Pilot den Hauptrotor und bewegt den Hubschrauber damit nach links, rechts, vorn oder hinten. Mit einem zweiten Steuerhebel verändert der Pilot den Anstellwinkel der Rotorblätter. Dadurch sinkt oder steigt der Hubschrauber. Mit den Füßen bedient er noch Pedale, die den Heckrotor steuern und verhindern, dass sich der Hubschrauber dreht.

Luftrettung

Der Einsatz eines Rettungshubschraubers hängt immer auch stark vom Wetter ab. Ein Hubschrauber kann nur bei guter Sicht und bei einem Rettungseinsatz nur bei Tageslicht fliegen. Dafür macht ihm Straßenglätte etwa nichts aus. Der größte Vorteil eines Hubschraubers ist aber seine Schnelligkeit. Mit Tempo 240, ohne Stau und Ampeln ist er schneller am Unfallort und im Krankenhaus als ein Rettungswagen. Außerdem kann er in schwer zugänglichen Gegenden landen und er fliegt ruhig und sehr vibrationsarm. Der Rettungshubschrauber ist also eine sinnvolle Ergänzung der Rettungsfahrzeuge.

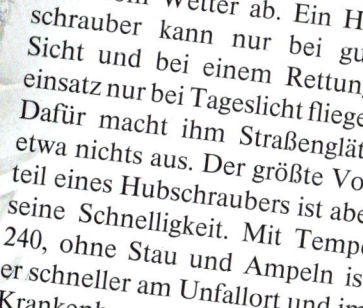

Ein Hubschrauber kann in der Luft stehen bleiben (Schwebeflug).

Er kann rückwärts- und seitwärtsfliegen.

Er kann sich im langsamen Flug um die Hochachse (Gierachse) drehen.

Vielseitiger Einsatz

Auch bei Hubschraubern gibt es unterschiedliche Modelle und Einsatzmöglichkeiten. Sie werden etwa für Lastentransporte, bei der Polizei, zur Waldbrandbekämpfung oder zur Rettung auf hoher See oder in den Bergen eingesetzt. Einer der schnellsten ist der TTH90, ein Mehrzweckhubschrauber der Bundeswehr. Er erreicht eine Spitzengeschwindigkeit von 325 km/h. Die größten Transporthubschrauber können schwere Lkws, militärisches Großgerät oder Hilfsgüter in Katastrophengebiete transportieren.

Du entscheidest selbst:
- Wer sind die „Fliegenden Ärzte"?
  ➡ Seite 38/39
- Wo werden Wasserflugzeuge eingesetzt?
  ➡ Seite 42/43

Lies mal weiter!
Seite 39, 42, 53

Auf dem Flughafen

Ohne Flughäfen ist heute bei uns kein Flugverkehr mehr denkbar. Die großen Airports ähneln fast kleinen Städten. Dort findet sich alles, was man zum Reisen mit dem Flugzeug braucht: Start- und Landebahnen, die Technik für den Flugbetrieb, Sicherheitskontrollen für alle Passagiere, Restaurants, Geschäfte und sogar Aussichtplattformen, um den Flugbetrieb zu beobachten.

Der Flughafen

Auf großen Flughäfen starten und landen täglich zwischen 1000 und 2000 Flugzeuge.

Ein erster Überblick

Einen Überblick über den Flughafen bekommt man von der Aussichtsplattform, die viele Flughäfen haben. Zuerst fällt die Größe auf, vor allem für die Start- und Landebahnen. Einfache Grasflächen konnten bei steigendem Gewicht der Flugzeuge nicht mehr genutzt werden. Daher wurden Bahnen aus Asphalt in der vorherrschenden Windrichtung angelegt. Denn man startet und landet immer gegen den Wind.

Luftaufnahme des Flughafens Frankfurt am Main

Auf verkehrsreichen Flughäfen startet oder landet alle 90 Sekunden ein Flugzeug.

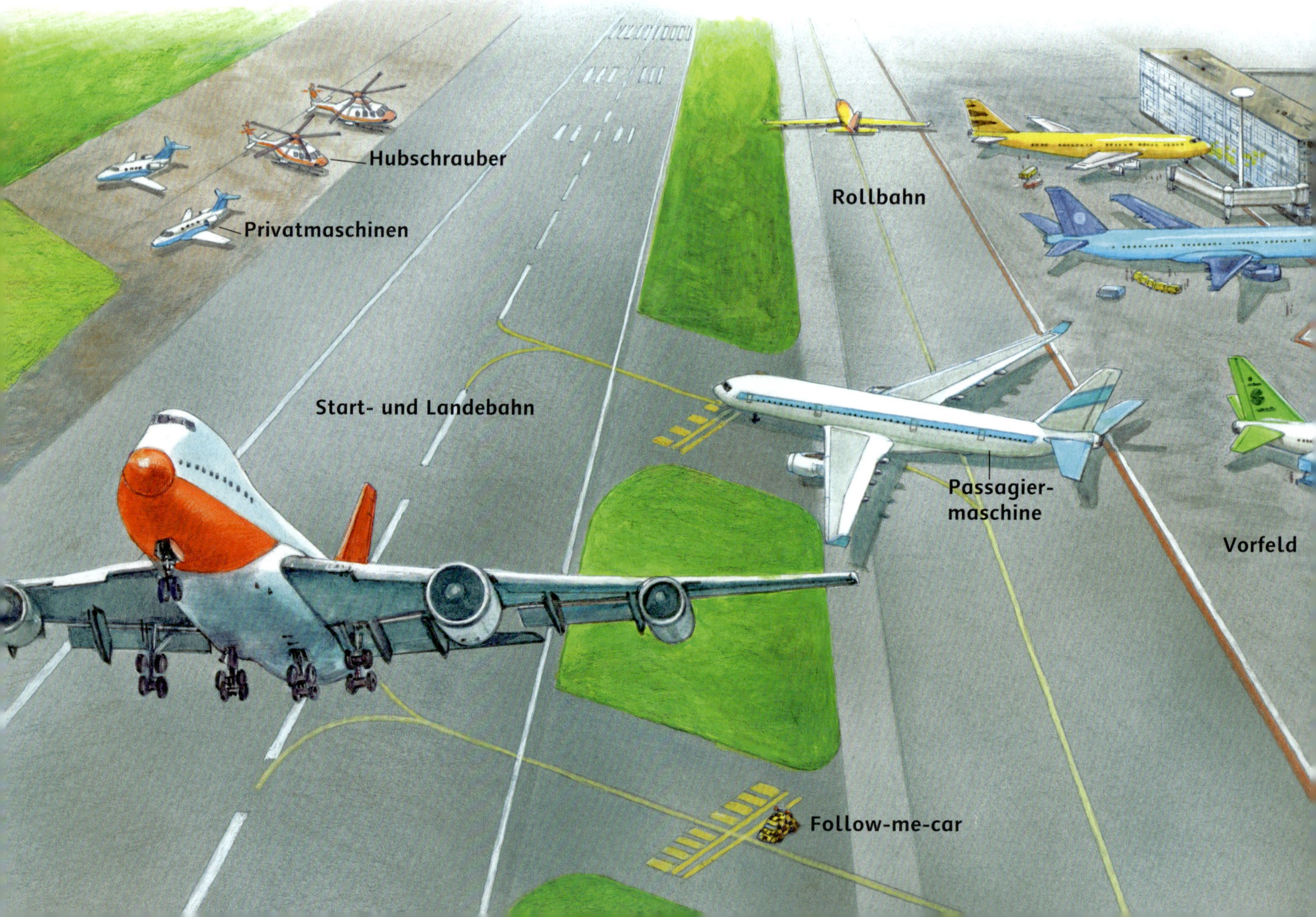

- Hubschrauber
- Privatmaschinen
- Start- und Landebahn
- Rollbahn
- Passagiermaschine
- Vorfeld
- Follow-me-car

Aufgaben eines Flughafens sind das sichere und reibungslose Starten und Landen sowie die Versorgung und das Beladen von Flugzeugen. Ein Flughafen ist in einen landseitigen und in einen luftseitigen Bereich aufgeteilt. Der landseitige Teil ist für jeden zugänglich, der luftseitige Bereich ist nur durch Sicherheitskontrollen erreichbar. Zur Landseite gehören zum Beispiel Parkplätze, Taxistände und ein Bahnhof.

Traumberuf Flugbegleiterin

Interview mit einer Flugbegleiterin

Warum ist Flugbegleiterin für viele ein Traumberuf?
Wahrscheinlich, weil man dabei so viele unterschiedliche Menschen und Länder kennenlernt.
Was muss man dafür können?
Immer freundlich sein, mehrere Sprachen beherrschen und die Ruhe bewahren, auch wenn Passagiere mal nicht so nett sind.
Ist das nicht manchmal auch anstrengend?
Vor allem auf interkontinentalen Flügen. Dann fühle ich mich wegen des Jetlags, also der Zeitverschiebung, oft unwohl und schlafe schlecht.
Vielen Dank für das Gespräch!

Der eigene Wetterdienst

Große Flughäfen haben einen eigenen Wetterdienst. Er informiert über das Wetter vor Ort, über Windverhältnisse, -richtung und -geschwindigkeit sowie über eine mögliche Vereisung der Rollbahn. Der Pilot kann mit diesen Informationen das Flugzeug sicherer starten, steuern und landen.

Nicht nur für Urlauber

Von Flughäfen starten nicht nur Passagiermaschinen mit Urlaubern. Auch Sportflugzeuge, Hubschrauber, Privatjets und der Cargo-Bereich für die Luftfracht haben ihren Platz auf dem Flughafen.

Du entscheidest selbst:
• Was ist das Gepäckleitsystem? ➡ Seite 56/57
• Was macht ein Centerlotse? ➡ Seite 58/59

Lies mal weiter!
Seite 54, 56, 60

In der Abflughalle

Nur mit Ticket (Flugschein) und Bordkarte darf man zu den Gates.

Man sollte rechtzeitig am Flughafen sein, da der Check-In manchmal lange dauern kann.

Die Abflughalle (Terminal) ist der Übergang von der Land- zur Luftseite. Hier kommen die Fluggäste an oder fliegen ab. Im vorderen Teil des Terminals gibt es Geschäfte, Reisebüros und Restaurants.

Einchecken im Terminal

Auf riesigen Tafeln im Terminal wird angezeigt, wann die Flugzeuge ankommen und abfliegen. An den Abfertigungsschaltern der Fluggesellschaften gibt man sein Ticket ab und erhält eine Bordkarte mit einer Sitzplatznummer. Ein kleines Gepäckstück darf man mit ins Flugzeug nehmen, das Handgepäck. Große Gepäckstücke werden am Schalter aufgegeben. Dieser Vorgang nennt sich Einchecken oder Check-in. Danach muss jeder Passagier durch die Sicherheitskontrolle.

Alle Passagiere werden in der Sicherheitskontrolle durchsucht.

Zu den Gates

Das Terminal besteht aus zwei Bereichen, die durch Zoll- und Passkontrollen voneinander getrennt sind. Alle Passagiere und auch Piloten und Flugbegleiter müssen die Kontrollen passieren. Dabei wird das Handgepäck mit einem Röntgengerät durchleuchtet und jeder muss durch ein großes Tor gehen und wird mit einem Gerät nach Metall abgetastet. Danach betreten die Passagiere den Bereich der Gates, an denen das „Boarding", das Besteigen der Maschine stattfindet.

Auf Nummer sicher

Die Zugangsbeschränkungen und Sicherheitskontrollen an den Flughäfen wurden seit dem Anschlag vom 11. September 2001 auf das World Trade Center in New York verstärkt. Alle Passagiere werden durchsucht, um sicherzustellen, dass sie keine Waffen, Flüssigkeiten oder Sprengstoff mit an Bord nehmen. Gleichzeitig werden alle beim Check-in aufgegebenen Koffer im Gepäckleitsystem geröntgt.

Auf einem Bildschirm sieht man das durchleuchtete Gepäck.

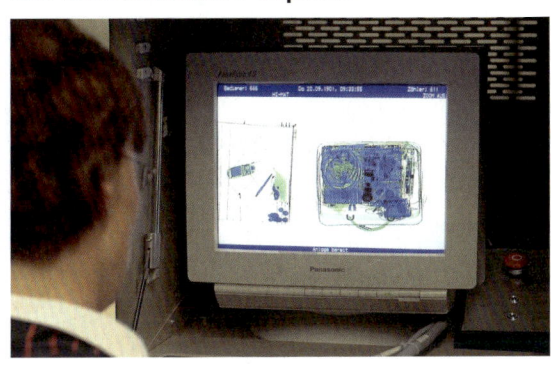

Kaum zu glauben

In Frankfurt am Main starten und landen täglich bis zu 180 000 Fluggäste. Und es werden immer mehr!

Lies mal weiter!
Seite 36, 58, 60

Hinter den Kulissen

Knack den Code!
10. Wie nennt man die Fluggastbrücke noch?
(2. Buchstabe)

Der luftseitige Bereich umfasst alle Teile des Flughafens, die für Flugzeuge zugänglich sind. Dazu zählen Start- und Landebahnen, die dorthin führenden Rollbahnen, die Ramps sowie das Frachtzentrum und die Hangars.

Der Rampagent

Ramp nennt man den Bereich, in dem Passagiere die Flugzeuge in Parkposition besteigen können. Hier hat der Rampagent das Sagen. Er überwacht und leitet alle Dienstleistungen, die an einem Flugzeug während dessen Bodenzeit erbracht werden. Dazu gehören unter anderem das Beladen mit dem Gepäck der Passagiere, das Betanken, die Innenreinigung, die Anlieferung von Essen und Getränken (Catering), die Versorgung mit Frischwasser, der Abtransport von Abwasser und Müll sowie die Überwachung des Boardings der Passagiere.

Nach 90 Minuten muss ein Flugzeug wieder startklar sein.

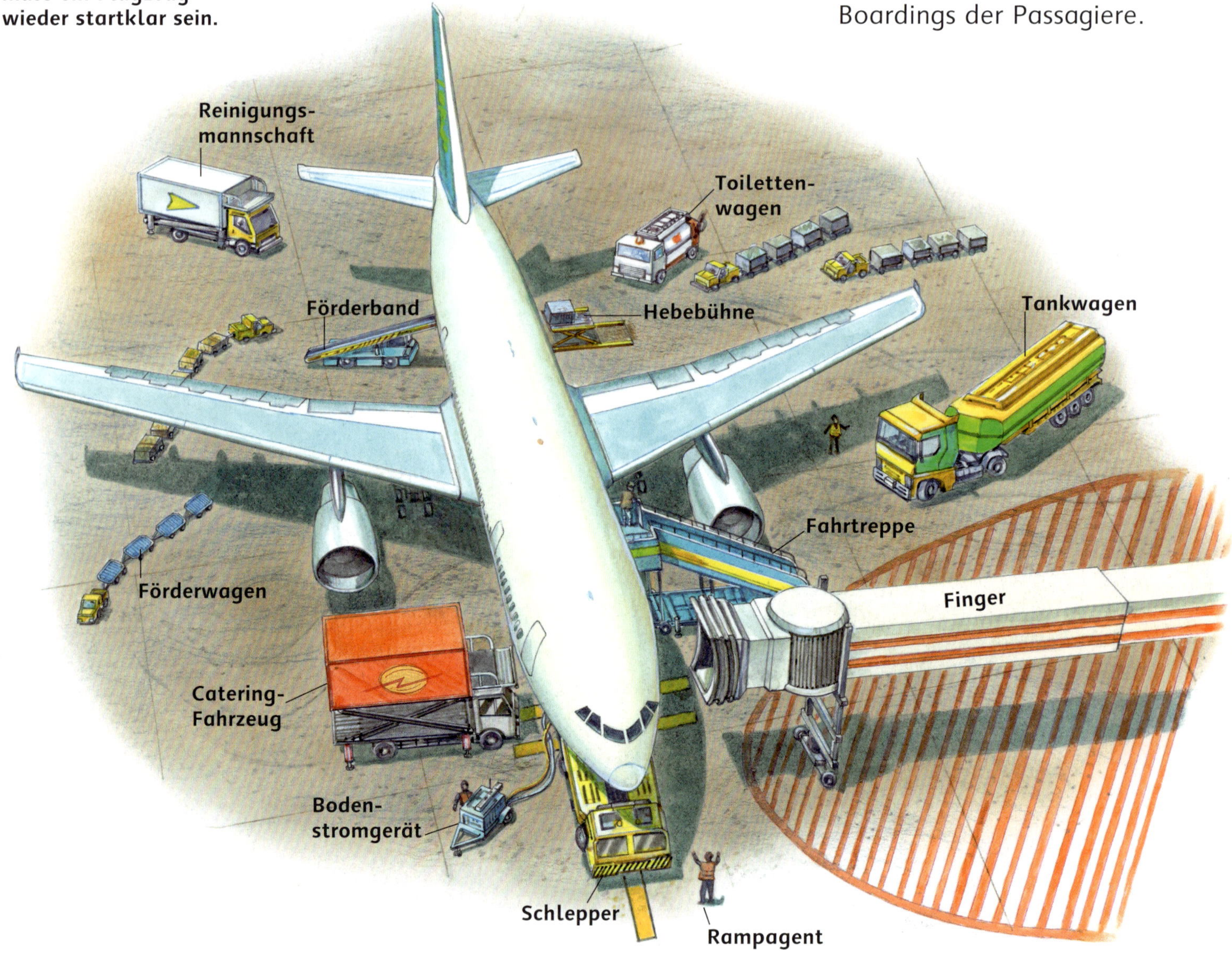

Reinigungsmannschaft
Toilettenwagen
Förderband
Hebebühne
Tankwagen
Förderwagen
Fahrtreppe
Finger
Catering-Fahrzeug
Bodenstromgerät
Schlepper
Rampagent

Kaum zu glauben

Das Gepäckleitsystem am Frankfurter Flughafen ist insgesamt 67 km lang. An Spitzentagen werden dort über 112 000 Koffer transportiert.

Das Gepäckleitsystem

Während der Rampagent die Arbeit am Flieger beaufsichtigt, befördert ein Förderband die Gepäckstücke der Passagiere: aus dem Terminal zu einem Platz, an dem es auf Wagen und von dort schließlich ins Flugzeug geladen wird. Umgekehrt wird bei der Ankunft eines Flugzeugs das Gepäck aus dem Flugzeug entladen und zum Gepäckausgabeband befördert, wo es von den Passagieren in Empfang genommen wird.

Zeit zum Einsteigen

Endlich ist es so weit! Parkt ein Flugzeug direkt am Finger, der Fluggastbrücke, können alle Fluggäste durch diesen direkt vom Wartebereich ins Flugzeug gehen. Besteht das Gate aus Türen zum Vorfeld hin, gelangen Passagiere dort hindurch zum Vorfeldbus, der sie zum Flugzeug bringt.

Am Gepäckausgabeband können die Passagiere ihre Koffer nach dem Flug abholen.

Lies mal weiter!
Seite 52, 54, 68

Der Tower

Fluglotsen überwachen den Luftraum mithilfe von Radar und Sprechfunk zu den Piloten.

Schon von Weitem kann man die meisten Flughäfen am Tower (Kontrollturm) und an der riesigen, sich drehenden Radarantenne erkennen. Durch die Radarüberwachung können die Lotsen auf dem Tower Flugzeuge in der Umgebung eines Flughafens erkennen, orten und auf dem Flugweg begleiten.

Elektronische Sehhilfen

Radar und Instrumentenlandesystem (ILS) sind nichts anderes als Sehhilfen. Dadurch und dank Funkerkennung und Entfernungsmessung können die Lotsen Abstände genau erkennen. Das funktioniert auch nachts, bei schlechter Sicht und selbst wenn sie das Flugzeug mit einem Fernglas noch gar nicht sehen können.

Die Flugsicherung

Die im Luftraum verkehrenden Maschinen müssen jederzeit überwacht werden, damit ein reibungsloser und unfallfreier Luftverkehr gesichert ist. Besonders wichtig ist die Einhaltung von Sicherheitsabständen zwischen den einzelnen Flugzeugen. So halten die Maschinen in Warteschleifen zueinander jeweils 300 Meter Abstand nach oben und nach unten.

Schon von Weitem kann man den Tower erkennen.

Ohne Lotsen geht gar nichts

Interview mit einem Fluglotsen:

Was macht eigentlich ein Fluglotse genau?
Er lenkt den Luftverkehr und sorgt dafür, dass die Flugzeuge sicher ankommen und es keine Zusammenstöße in der Luft gibt.
Wie behalten Sie das alles im Blick?
Für jedes Flugzeug gibt es einen Kontrollstreifen mit Informationen und Flugdaten wie Rufzeichen des Flugzeugs, geplante Zielankunft und Flughöhe.
Das hört sich sehr schwierig an.
Es ist manchmal anstrengend. Vor allem, wenn etwa im Großraum Frankfurt alle 40 Sekunden eine Maschine startet oder landet. Aber wir machen alle zwei Stunden eine Pause.
Danke, dass war wirklich sehr interessant.

Du entscheidest selbst:
- Wie entsteht der Auftrieb?
  ➡ Seite 22/23
- Welche Hilfsmittel haben Piloten im Cockpit?
  ➡ Seite 26/27

Die Lotsen

Der Fluglotse überwacht den Luftraum und leitet alle Luftfahrzeuge in seinem Zuständigkeitsbereich (Sektor), um Zusammenstöße zu vermeiden. Ein Flugzeug wird immer von Lotse zu Lotse weitergegeben und so durchgehend im Luftraum gesteuert und überwacht. Fluglotsen arbeiten im Center oder im Tower: Centerlotsen überwachen den gesamten Luftraum, Towerlotsen die Start- und Landebahnen sowie den Nahbereich um den Flughafen herum. Der Towerlotse erteilt Start- und Landegenehmigungen.

Ein Centerlotse überwacht den gesamten Luftraum.

Lies mal weiter!
Seite 31, 60, 66

Starten und landen

> **Knack den Code!**
> 11. Was fährt der Pilot am Flugzeug beim Start aus?
> (1. Buchstabe)

Wenn alle Passagiere an Bord sind und der Fluglotse die Startfreigabe erteilt hat, darf die Maschine starten. Damit die Piloten keine anderen Flieger übersehen, werden sie von den Lotsen zur Startposition auf der Startbahn dirigiert. Auf der Rollbahn dorthin gilt Tempo 30.

Gegen den Wind

Beim Start benötigt das Flugzeug mehr Auftrieb als beim Flug. Deshalb fährt der Pilot die Startklappen nach unten aus. Bei großen Passagierflugzeugen werden auch die Vorflügel nach unten ausgefahren. Außerdem startet man gegen den Wind. Hat das Flugzeug ausreichend Geschwindigkeit erreicht, stellt der Pilot das Höhenruder nach oben, und die Maschine hebt ab. Je schwerer ein Flugzeug ist, desto mehr Geschwindigkeit braucht es zum Abheben.

Große Passagiermaschinen benötigen Startbahnen, die etwas länger als drei Kilometer sind, der Airbus A380 sogar rund 3,5 Kilometer.

Nach dem Start fährt der Pilot das Fahrwerk ein, um die Aerodynamik zu verbessern.

Lärmbelastung

Auf Großflughäfen starten und landen die Flugzeuge oft im Minutentakt und das fast rund um die Uhr. Der besonders beim Abflug entstehende Fluglärm belastet die Anwohner von Flughäfen. Deshalb gibt es oft Nachtflugverbote.

Fluglärm

Flugzeuge bringen uns schnell und bequem an andere Orte. Davon profitieren wir alle. Aber sie sind auch laut. Das bekommen vor allem die Menschen zu spüren, die rund um einen Flughafen wohnen. Da der Fluglärm meist von oben kommt, helfen Barrieren wie andere Gebäude oder Lärmschutzwände hier nicht. Oft müssen sich die Menschen in ihre eigenen vier Wände zurückziehen und alle Fenster schließen. Wer zum Beispiel im Sommer ungestört draußen grillen möchte, schaut vorher meist genau, aus welcher Richtung der Wind weht. Denn am besten macht man dies, wenn die Flugzeuge wegen der aktuellen Windrichtung vom Haus weg starten und landen. Man sollte eben den Wetterbericht kennen.

Ein Passagierflugzug fliegt beim Landeanflug ganz nah über ein Wohngebiet.

Der Landeanflug

Der Landeanflug wird mit dem Verlassen der Reiseflughöhe eingeleitet. Dann heißt es für alle Passagiere: „Bitte anschnallen!" Der Pilot fährt die Landeklappen aus. Sobald er nur noch rund fünf Kilometer vom Flughafen entfernt ist, verändert der Pilot eines Passagierjets nichts mehr und „segelt" sozusagen einfach auf die Landebahn zu. Sobald der Flieger den Boden berührt, wird der Schub auf Leerlauf gestellt, die Nase abgesenkt und auf Tempo 30 abgebremst, auch mit Umkehrschub.

Flugzeuge müssen von Eis befreit werden, da dies das Flugzeuggewicht erhöht und die Aerodynamik verschlechtert.

Lies mal weiter!
Seite 25, 27, 58

Bau, Wartung und Forschung

Flugzeuge sind teuer – nicht nur beim Kauf, sondern auch bei der Wartung. Schließlich ist ein Flugzeug eine sehr komplizierte Maschine, die jederzeit optimal und sicher funktionieren muss. Bis ein neues Flugzeug in Dienst gestellt wird, muss es ausgiebig getestet werden. Und die Entwicklung der Luftfahrt ist noch längst nicht zu Ende. Auch heute noch denken die Ingenieure über neue Flugzeugtypen nach.

Blick in eine Werft

> **Knack den Code!**
> 12. Wie nennt man das Zusammenbauen eines Flugzeugs?
> (2. Buchstabe)

Von der Idee bis zum ersten Start eines neuen Flugzeugs vergehen meist mehr als zehn Jahre. Deshalb müssen die Planer von Anfang an einige Dinge genau wissen: Wie groß soll es sein? Wie teuer? Wie viele Passagiere sollen Platz haben? Wie laut darf es sein? Wie viel Kerosin darf es verbrauchen?

Teamarbeit von Beginn an

Die Konstruktion erfordert eine aufwendige Teamarbeit. Viele Spezialisten sind daran beteiligt. Am Computer entwerfen Aerodynamiker zum Beispiel Tragflächen, Rumpf und Leitwerk. Statiker konstruieren das Flugzeug so stabil, dass es auch Stürme übersteht. Avionik-Ingenieure entwickeln das Cockpit mit allen Navigations- und Funkeinrichtungen, Bildschirmen und Bordcomputern.

Riesige Montagehallen

Flugzeughersteller verfügen über riesige Endmontagehallen. Ihre Fläche kann größer als 100 Tennisplätze sein. In ihnen wird aus den Einzelteilen wie Rumpf, Triebwerk, Flügel und Fahrwerk das neue Flugzeug gebaut.

Um einen großen Passagierjet zu montieren, braucht man riesige Montagehallen.

Hallo, Tim!
Weißt du, wie dick das Panzerglas im Cockpit eines Airbus ist? Fünf Zentimeter! Das habe ich gestern auf der Führung bei Lufthansa-Technik erfahren. Und eine A380 wird von mehr als 75.000 Nieten zusammengehalten! Da müsstest du an deinen Modellflugzeugen ganz schön lange basteln.
Grüße von Laura

Tim Krämer
Ringstr. 1
50667 Köln

Einige beim Flugzeugbau beteiligte Berufe
▶ Ingenieure
▶ Fluggerätemechaniker
▶ Elektroniker
▶ Oberflächenbeschichter
▶ Werkzeugmechaniker
▶ Aerodynamiker
▶ Triebwerksbauer
▶ Avionik-Ingenieure
▶ Designer

Modernste Werkstoffe

Die Metallbauweise ist bei Motorflugzeugen die gängigste Bauweise. Der Rumpf besteht aus einem Metallgerüst, das außen mit Blech verkleidet ist. Die Tragflächen bestehen aus Holmen, an die die Rippen angenietet oder angeschraubt sind.

Große Jets wie die A380 werden heute zunehmend in der sogenannten Faser-Verbund-Bauweise gefertigt. Die Decken bestehen zum Beispiel aus Glas- oder Kohlefasermatten, die in Formen gelegt, mit Kunstharz getränkt und anschließend durch Erhitzen gehärtet werden.

Auch für Jets gibt es Sonderausstattungen. Für die A380 zum Beispiel richtige Schlafzimmer.

Lies mal weiter!
Seite 36, 42, 70

Piloten und Testpiloten

„Hier spricht Ihr Kapitän." So begrüßt der Pilot die Passagiere zu Beginn des Fluges. Er informiert außerdem über die Flugstrecke und gibt kurz vor der Landung den aktuellen Wetterbericht durch. Und er fliegt natürlich das Flugzeug.

Voraussetzungen für die Pilotenausbildung
- Spaß an Englisch, Mathematik und Physik
- Technisches Verständnis
- Räumliche Orientierung
- Schnelle Auffassungsgabe
- Merkfähigkeit
- Teamfähigkeit
- Führungsstärke
- Fitness
- Belastbarkeit

Vier Augen sehen mehr

Auch wenn der Kapitän während des gesamten Fluges das Kommando im Cockpit hat, tauscht er häufig mit seinem Kopiloten oder 1. Offizier die Aufgaben. Beide sind voll ausgebildete Piloten und achten immer darauf, was der andere tut, und bestätigen dessen Angaben: Vier Augen sehen eben mehr als zwei! Zusätzlich gibt es im Cockpit auch viele Instrumente.

Den Flug managen

Der Pilot muss aber auch seinen Jet „managen" – das bedeutet, sein Team, also Kopilot und alle Flugbegleiter, und die gesamte Flugplanung organisieren. Er muss außerdem die richtige Treibstoffmenge berechnen, damit das Flugzeug nicht unnötig schwer ist, aber auch genügend Reserve an Bord ist.

Der Flugsimulator kann dieselben Bewegungen wie in einem echten Flugzeug erzeugen.

Im Profi-Flugsimulator kann man ein Flugzeug unter „realen Bedingungen" fliegen.

Lieber Onkel Jan!
Gestern hat uns in der Schule ein richtiger Pilot besucht. Er fliegt eine Boeing 737 und auch noch die Ju 52! Er hat uns erzählt, was ein Pilot heute alles können muss. Und er hat erklärt, was ein Pilot und sein Kopilot bei einem Flug mit einer Boeing so alles machen müssen. Am besten fand ich, was er über die Ju 52 erzählt hat. Ich würde so gerne mal mitfliegen!
Dein Tim

Die Ausbildung zum Piloten dauert mindestens zwei Jahre.

Hohe Anforderungen

Als Pilot muss man sehr vielseitig sein. Das heißt, man muss technisch und mathematisch bewandert sein, und man muss in extremen Situationen die Ruhe bewahren können. Wichtig ist, dass man gesund ist und im Team arbeiten kann und man sollte flexible Arbeitszeiten mögen.

Testpiloten

Bevor ein Flugzeug im Alltag eingesetzt wird, muss es getestet werden. Das ist Aufgabe der Testpiloten. Viele Testflüge, auch in Experimentalflugzeugen und am Flugsimulator, sind dazu nötig. Im Simulator werden aber auch Piloten ausgebildet.

Mit Versuchsflugzeugen erforschen Testpiloten das Flugverhalten neuer Maschinen.

Du entscheidest selbst:
- Was ist die Ju 52?
  ➡ Seite 36/37
- Wozu nutzt man Simulatoren in der Entwicklung?
  ➡ Seite 70/71

Lies mal weiter!
Seite 15, 26, 68

Wartung

Knack den Code!
13. Wie heißt eine Garage für Flugzeuge?
(4. Buchstabe)

Ein Auto kann bei einer Panne einfach am Straßenrand anhalten. Mit einem Flugzeug kann man das natürlich nicht tun. Die komplizierte Technik eines Flugzeugs muss deshalb ständig genau geprüft werden. Jedes Teil, das auch nur den Anschein erweckt, dass es bald nicht mehr funktioniert, wird sofort ausgetauscht.

Auszug aus der Preflight-Checkliste
- Kontrolle von Beschädigungen wie Lackrisse und Beulen
- Überprüfung der Tragflächenanschlüsse
- Ruder- und Klappenkontrolle
- Überprüfung von Reifenzustand und -luftdruck
- Bremsenkontrolle
- Kontrolle der Turbinenschaufeln
- Überprüfung des Kraftstofftanks

Extreme Belastungen
Flugzeuge sind extremen Belastungen ausgesetzt. Ein Rad des Fahrwerks zum Beispiel hält durchschnittlich nur bis zu 165 Starts und Landungen aus. Es muss schließlich einen Jumbojet bei rund 270 km/h abfangen. Ein Reifen kostet übrigens ohne Felge rund 1000 Dollar.

Regelmäßige Checks
Damit nichts schiefgeht oder vergessen wird, werden Flugzeuge ständig nach festgelegten Checklisten überprüft und gewartet. Teilweise macht dies der Pilot direkt am Flugzeug, teilweise finden die Checks und Wartungen im Hangar, der Flugzeughalle, statt. Meist

Der Hangar dient wie eine Garage zum Parken, aber auch für Wartung und Reparatur.

Kaum zu glauben

Damit man mit einem Passagierjet eine Stunde fliegen kann, sind insgesamt 22 Stunden Wartung am Boden nötig.

wird er über Nacht im Hangar durchgeführt.
Dazu gehört der Preflight-Check im Cockpit, aber zum Beispiel auch außen am Fahrwerk und an den Triebwerken, den der Pilot direkt vor jedem Flug durchführt. Wichtig ist auch der tägliche Ramp-Check, der von mehreren Experten ausgeführt wird. Beim A-Check werden regelmäßig alle technischen Systeme des Flugzeugs überprüft, die für den Flugbetrieb wichtig sind. Außerdem wird die Kabine gründlich gewartet. Ein A-Check ist je nach Flugzeugtyp alle 250 bis 650 Flugstunden nötig, also etwa alle zwei Monate.

Aufwendige Überholung

Nach rund 15 000 Flugstunden oder fünf bis sechs Jahren reicht eine normale Wartung nicht mehr aus. Dann muss die Maschine zum sogenannten IL-Check. Der dauert bis zu 20 000 Stunden. Der D-Check, eine Art Generalüberholung, wird nach rund 30 000 Flugstunden oder alle sechs bis zehn Jahre durchgeführt. Er dauert sogar bis zu 56 000 Stunden und kostet mehrere Millionen Euro. Dabei arbeiten 230 Spezialisten sechs Wochen lang rund um die Uhr. Hinterher ist die Maschine dann fast wie neu.

Der D-Check

Alle sechs bis zehn Jahre werden Jets generalüberholt. Der D-Check, die umfassende Überprüfung, dauert bei einer Boeing 747 mehrere Wochen. Zunächst wird das Fahrwerk abgebaut und der Flieger stattdessen auf „Füße" gesetzt. Dann wird der Rumpf ausgehöhlt. Die Sitze werden komplett ausgetauscht. Auch die Scheiben werden erneuert. Nach dem Ablösen der Bodenplatten überprüfen Elektriker Tausende Kabelstränge. Die vier Triebwerke werden abgebaut und komplett überholt. Der D-Check ist die aufwendigste und teuerste Wartung an einem Flugzeug.

Die Reifen des Fahrwerks werden spätestens nach 165 Starts und Landungen ausgetauscht.

Lies mal weiter!
Seite 23, 36, 56

Forschung

Mit diesem Versuchshubschrauber können neue Technologien getestet werden.

Wie werden die Flugzeuge der Zukunft aussehen? Wird es immer größere Flugzeuge geben? Oder „Flüsterjets"? Wie viel Treibstoff werden sie verbrauchen?

Am Computer entwickeln

Ohne Computer geht heute in der Entwicklung nichts mehr. Am Computer werden zum Beispiel auch Flüge simuliert, um Modell und Materialien unter den verschiedensten Bedingungen zu testen. Das Forschungsflugzeug ATTAS, ein fliegender Simulator, ermöglicht es zum Beispiel, per Software auch andere Flugzeuge zu simulieren. Aber erst, wenn genügend Bestellungen für einen neuen Flugzeugtyp vorliegen, wird der Prototyp produziert.

Winglets

Ein Beispiel, wie man durch Forschung auch „alte" Flugzeuge noch weiter verbessern kann, sind Winglets. Sie sind den Flügelspitzen der Vögel nachempfunden. An den Enden der Tragflächen angebracht, steigern sie die Aerodynamik des Flugzeugs und senken den Treibstoffverbrauch.

Winglets verbessern die Aerodynamik und senken den Treibstoffverbrauch.

Arbeit im Windkanal

Wie kann man die Aerodynamik von Flugzeugen erforschen, ohne Flugzeug und Pilot zu gefährden? Mit einem Modell, das im sogenannten Windkanal getestet wird. Im Windkanal kann man die aerodynamischen Eigenschaften eines Flugzeugs untersuchen und vermessen. Dazu wird ein maßstabgerechtes Modell des Flugzeugs gebaut. Windkanäle für Unterschallgeschwindigkeiten können mehrere Meter Durchmesser haben. Solche Windkanalexperimente sind aber sehr teuer. Deshalb wird versucht, immer mehr Experimente am Computer zu simulieren.

Du entscheidest selbst:
- Welche Bauweise löste den Doppeldecker ab?
  ➡ Seite 16/17
- Wo werden Raketentriebwerke eingesetzt?
  ➡ Seite 32/33

Der Nurflügler „Rochen"

Das Experimentalflugzeug X-48B von Boeing sieht sehr futuristisch aus. Dieser „Rochen" soll weniger Treibstoff verbrauchen als heutige Flugzeuge und mehr Menschen Platz bieten. Zudem soll es in der Kabine und am Boden leiser sein. Seit rund 15 Jahren forschen Boeing und andere Firmen schon an diesen sogenannten Nurflüglern. Ein Modell hat bereits seinen ersten Testflug absolviert.

Das Strömungsverhalten eines neuen Flugzeugs wird am Modell getestet.

Nurflügler sollen mehr Platz bei geringerem Treibstoffverbrauch ermöglichen.

Lies mal weiter!
Seite 10, 22, 67

Chronik der Luftfahrt

1486–1513: Flugtechnische Studien von Leonardo da Vinci

1783: Der erste Heißluftballon der Brüder de Montgolfier mit zwei Menschen an Bord steigt auf.

1810: Sir George Cayleys Studien zum Fliegen

1890: Clement Aders dampfgetriebenes Flugzeug „Éole"

1891: Otto Lilienthal gelingt der erste Gleitflug der Geschichte mit einem Hängegleiter.

1896: Erster Flug des Motorflugmodells mit Dampfmaschinenantrieb von Samuel Pierpont Langley

1900: Erster Aufstieg des Starrluftschiffes LZ 1 von Ferdinand Graf von Zeppelin

1901: Gustav Weisskopf gelingt am 14. August der erste (unbestätigte) Motorflug.

1903: Vier erfolgreiche Flüge der Brüder Wright am 17. Dezember gelten heute als der Beginn des gesteuerten Motorflugs.

1905: Der Schraubenflieger (Hubschrauber) von Maurice Léger hebt in Monaco einen Menschen senkrecht in die Luft.

1909: Louis Blériot überquert den Ärmelkanal mit einem Flugzeug.

1910: Raymonde de Laroche ist die erste Frau der Welt, die einen Pilotenschein macht.

1914: Gründung der ersten Fluglinie in Florida von Saint Petersburg nach Tampa

1919: John Alcock und Arthur Whitten-Brown überqueren erstmals nonstop den Atlantik zwischen Neufundland und Irland.

1922: In Königsberg wird der erste Flughafen errichtet, der speziell für den kommerziellen Luftfahrtbetrieb vorgesehen war.

1923: Auf der Wasserkuppe (Rhön) wird die erste Flugschule eröffnet.

1927: Charles Lindbergh fliegt als erster Mensch nonstop und allein über den Atlantik.

1928: Der erste bemannte Raketenflug auf der Wasserkuppe.

1930: Dr. Hugo Eckener eröffnet mit dem deutschen Luftschiff LZ 127 die erste regelmäßige Transatlantiklinie.

1932: Amelia Earhart überquert als erste Frau allein und nonstop den Atlantik.

1937: Mit der Heinkel He 178 beginnt das Düsenzeitalter.

1947: Chuck Yeager gelingt im Raketenflugzeug Bell X-1 der erste Überschallflug.

1949: Erstflug der britischen De Havilland Comet, des weltweit ersten Passagierflugzeugs mit Strahltriebwerken.

1967: Die X-15 stellt mit 7274 km/h (Mach 6,1) einen neuen Geschwindigkeitsrekord auf.

1969: Erstflüge des Jumbojets Boeing 747 und der Concorde. Mit dem Jungfernflug der Tupolew Tu-144 am 31. Dezember 1968 und der Concorde am 2. März 1969 beginnt die Ära der Überschall-Passagierflugzeuge.

1972: Erstflug des ersten Airbus, des Airbus A300

1979: Erstmals überquert ein pedalangetriebenes ultraleichtes Muskelkraft-Flugzeug den Ärmelkanal.

1986: Dick Rutan und Jeana Yeager fliegen mit der zweimotorigen Voyager in neun Tagen um die Welt, ohne nachzutanken.

1988: Eine Boeing 747 umrundet die Erde in der Rekordzeit von knapp 37 Stunden.

1988: Die sechsmotorige Antonow An-225 hat ein maximales Startgewicht von 600 Tonnen und ist damit das größte Flugzeug der Welt.

1999: Nonstop-Weltumrundung mit einem Ballon

2005: Erstflug des Airbus A380

2010: Der neue Airbus A320neo hat aerodynamisch verbesserte Flügel und verbraucht 15 Prozent weniger Treibstoff.

2011: Das neue Langstreckenflugzeug Boeing 787 („Dreamliner") wird in Dienst gestellt. Es bietet mehr Komfort für die Passagiere und eine Spritersparnis von 20 Prozent.

Internetadressen

Suchmaschinen
http://www.milkmoon.de
http://www.blinde-kuh.de
http://www.trampeltier.de
http://www.helles-koepfchen.de
http://www.kindercampus.de/clikks

Wissen zur Luftfahrtgeschichte
http://www.luftfahrtgeschichte.com
http://www.blinde-kuh.de/flugzeuge

Alles rund um Flugzeuge und Luftfahrt
http://www.planet-wissen.de
(Über den Themenbereich „Natur/Technik" auf der Startseite gelangt man zu einer Übersicht, in der sich auch das Thema „Luftfahrt" findet.)

http://www.wissen.swr.de/warum/fliegen/
  themenseiten/t_index/s1.html
http://www.jetfriends.com/jetfriends/
  SETLOCALE=de_DE/

Wissen zu Hubschraubern
http://www.hubschrauber.li

Wissen zu Ballons und Zeppelinen
http://www.pilotundluftschiff.de
http://www.ballonfahrer-online.de

Verzeichnis sämtlicher Museen in Deutschland
http://www.deutsche-museen.de

Museen in Deutschland
Otto Lilienthal Museum Anklam
http://www.lilienthal-museum.de/
  olma/intro.htm

Deutsches Technikmuseum Berlin
http://www.dtmb.de

Hubschraubermuseum Bückeburg
http://www.hubschraubermuseum.de

Zeppelin Museum Friedrichshafen
http://www.zeppelin-museum.de

Luftfahrtmuseum Hannover-Laatzen
http://www.luftfahrtmuseum-hannover.de

Deutsches Museum München
http://www.deutsches-museum.de

Technik Museum Sinsheim/Speyer
http://www.technik-museum.de

Deutsches Segelflugmuseum Wasserkuppe
http://www.segelflugmuseum.de

Museen in Österreich
Österreichisches Luftfahrtmuseum Graz-Thalerhof
http://www.luftfahrtmuseum.at

Flugmuseum AVIATICUM Wiener Neustadt
http://www.aviaticum.at

Museen in der Schweiz
Fliegermuseum Altenrhein
http://www.fliegermuseum.ch

Verkehrshaus der Schweiz (Luzern)
http://www.verkehrshaus.ch

Die Inhalte aller Internetadressen in diesem Buch wurden mit größtmöglicher Sorgfalt ausgesucht. Die Inhalte der Seiten können aber jederzeit von den Anbietern geändert werden. Daher übernehmen wir trotz sorgfältiger Prüfung keine Haftung für die Richtigkeit, Vollständigkeit und Aktualität dieser Webseiten.

Worterklärungen

Aerodynamik Die Aerodynamik untersucht vor allem die Bewegung von Luft und wie sich von der Luft umströmte Körper (z. B. Autos, Flugzeuge) verhalten. Sie sucht die strömungsgünstigste Form für Körper, da bei solchen Oberflächen keine Verwirbelungen oder Turbulenzen auftreten.

Auftrieb Eine nach oben gerichtete Kraft, die durch Strömungsunterschiede an der Ober- und Unterseite bei einem von Luft umströmten Tragflügel entsteht und Druckunterschiede verursacht. Wirkt der Gewichtskraft des Körpers entgegen.

Autopilot Automatische Flugzeugsteuerung. Das System steuert Fluglage und -richtung des Flugzeugs selbsttätig und entlastet so den Piloten. Die wichtigsten Flugdaten muss der Pilot vorher eingeben.

Ballon Ein Ballon ist mit einem Gas gefüllt, das leichter als Luft ist. Durch den Auftrieb des Gases kann er fliegen. Er lässt sich nur in der Senkrechten steuern. Die Flugrichtung hängt vom Wind ab.

Cockpit Kabine im Flugzeug für den Piloten und den Kopiloten, von der aus das Flugzeug gesteuert wird.

Doppeldecker Flugzeug mit zwei übereinanderliegenden Tragflächen. Ein Doppeldecker hat eine hohe Festigkeit und ein niedriges Gewicht, aber einen hohen Luftwiderstand.

Drachenfliegen Gleitflug mit motorlosen Hängegleitern. Diese bestehen aus einem deltaförmigen Tragsegel, das durch ein Aluminiumgerüst gehalten wird, und einem damit verbundenen Steuertrapez. Der Pilot hängt in Gurten und kann durch das Bewegen des Trapezes das Fluggerät steuern.

Fahrwerk Das Fahrwerk trägt das Flugzeug beim Starten und Landen. Bei vielen Flugzeugen lässt es sich nach dem Start einziehen, was den Luftwiderstand verringert. Vor der Landung kann man es wieder ausfahren.

Finger Fluggastbrücke, über die die Passagiere direkt vom Wartebereich in das Flugzeug gelangen.

Flosse Unbewegliche Teile des Leitwerks. Sie erhöhen die Stabilität. Man unterscheidet die waagerechte Höhenflosse, an der das Höhenruder befestigt ist, und die senkrechte Seitenflosse, an der das Seitenruder befestigt ist.

Fluglotse Fluglotsen überwachen den Flugverkehr in einem bestimmten Luftraum vom Tower aus mittels Radar und lenken und sichern die Flugzeuge über Funkkontakt.

Flugschreiber Verkehrsflugzeuge haben ein Tonbandgerät und einen Flugdatenschreiber an Bord. Er zeichnet alle wichtigen Gespräche und Daten auf, sodass bei einem Unfall die letzen 30 Minuten rekonstruiert werden können.

Flugsimulator In einem Flugsimulator kann der Flug in einem Flugzeug oder Raumschiff realistisch nachgeahmt werden. Sie werden zur Ausbildung von Piloten und zum Testen von Flugzeugen eingesetzt.

Gieren Die Bewegung des Flugzeugs um die Hochachse (vertikale Achse), es dreht sich dabei nach rechts oder links. Diese Bewegung wird durch das Seitenruder gesteuert.

Höhenruder Damit führt der Pilot Bewegungen um die Querachse aus. Bug und Heck bewegen sich dabei auf oder ab. Diese Bewegung nennt man auch Nicken.

Hubschrauber Drehflügelflugzeug, das seinen Auftrieb und Vortrieb durch einen oder mehrere Rotoren erhält. Ein Rotor hat zwei bis sechs schmale Flügelblätter und läuft um eine etwa senkrechte Achse. Je nach Anstellwinkel der Flügelblätter und Änderung der Achsenstellung kann der Hubschrauber auf der Stelle schweben, senkrecht steigen oder sinken, waagerecht, seitwärts oder rückwärts fliegen.

Leitwerk Das Leitwerk dient zur Stabilisierung der Fluglage und zur Steuerung um die drei Achsen. Man unterscheidet das Höhen- und das Seitenleitwerk, die beide am Rumpfende des Flugzeugs angebracht sind. Sie sind in feststehende Teile (Höhen- und Seitenflosse) und bewegliche Teile (Höhen- und Seitenruder) unterteilt.

Luftschiff Luftfahrzeug, das aus einer mit einem Gas gefüllten Hülle und einer Gondel für Passagiere oder Lasten besteht. Das Gas ist leichter als Luft und erzeugt Auftrieb. Motoren sorgen für den Vortrieb. Luftschiffe sind im Gegensatz zu Ballons steuerbar.

Machzahl Die Machzahl gibt die Geschwindigkeit eines Flugzeugs im Verhältnis zur Schallgeschwindigkeit an. Mach 1 entspricht der Schallgeschwindigkeit. Bei Mach 0,75 fliegt ein Flugzeug mit 75 Prozent der Schallgeschwindigkeit.

Nicken Bewegung des Flugzeugs um die Querachse, die mit dem Höhenruder gesteuert wird. Bug und Heck bewegen sich dabei wechselweise auf und ab.

Propeller Luftschraube. Ein Propeller besteht meist aus zwei bis sechs tragflügelartigen Blättern, die sich etwa senkrecht zur Flugrichtung drehen und so den Vortrieb erzeugen.

Querruder Mit dem Querruder kann der Pilot seitlich kippende Bewegungen (Rollbewegungen) des Flugzeugs um die Längsachse durchführen. Mit dem Quer- und Seitenruder fliegt der Pilot eine Kurve.

Radar Ein Verfahren, mit dem ferne Flugzeuge und Schiffe geortet und deren Entfernung und Geschwindigkeit bestimmt werden können. Dabei werden elektromagnetische Wellen ausgesandt und die Echos empfangen. Das Radar spielt bei der Flugsicherung eine große Rolle.

Rollen Bewegung des Flugzeugs um die Längsachse, die mit dem Querruder gesteuert wird. Das Flugzeug kippt dabei seitlich.

Schallgrenze Die Schallgrenze ist erreicht, wenn ein Flugzeug so schnell fliegt wie der Schall. In großer Höhe beträgt die Schallgeschwindigkeit etwa 1065 km/h, auf Meereshöhe 1150 bis 1220 km/h. Wird die Schallgrenze überschritten, ist ein Überschallknall zu hören.

Seitenruder Mit dem Seitenruder führt der Pilot Bewegungen um die Hochachse (vertikale Achse) aus. Diese Bewegung nennt man Gieren.

Strahltriebwerk Maschinen zum Antrieb schneller Flugzeuge. Luft wird angesaugt und in einem Verdichter vorne am Triebwerk komprimiert. In der Mitte des Triebwerks wird Kerosin zusammen mit der Luft verbrannt. Das Gemisch erhitzt sich dadurch stark und dehnt sich aus. Die heißen Gase treten mit großer Geschwindigkeit nach hinten aus und erzeugen dabei einen Schub nach vorn.

Thermik Eine aufwärtsgerichtete Luftbewegung, die dadurch entsteht, dass sich die Luft am Boden durch Sonneneinstrahlung erwärmt und aufsteigt. Diese Aufwinde werden beim Segelflug genutzt.

Turboprop Strahltriebwerk, das zusätzlich vorn einen Propeller antreibt, der den Schub erzeugt.

Windkanal Ein Windkanal dient dazu, die aerodynamischen Eigenschaften von Körpern (z.B. von Flugzeugen und Autos) zu untersuchen. Bei Flugzeugen wird an einem Model z.B. Luftwiderstand, Auftrieb, Tragflächenprofil, Steuerung und Stabilität untersucht.

Register

A
Abfertigungsschalter 54
Abflughalle 54
Ader, Clement 14
Aerobus 36
Aerodynamik 16, 21, 29, 60, 61, 70, 71
Airbus 65
Airbus A300-600ST 42
Airbus A319 42
Airbus A340 42
Airbus A380 17, 23, 30, 36, 37, 41, 60, 65
Airbus Beluga 42
Alcock, John 18, 19
Amphibienflugzeug 17, 39
Antonow An-225 43
Antrieb 14, 21, 31, 32
Atlantik 18, 19, 29, 41, 44
Auftrieb 12, 22, 23, 25, 48, 59, 60
Aufwind 46
Ausgleichsrotor 48
Autopilot 26, 27

B
Ballon 12, 13, 22, 35, 44
Bell X-1 32
Benoist XIV 18
Bewegungsachse 24
Blackbox 27
Blériot, Auguste 18, 36
Blériot XI 18
Boarding 55, 56
Bodenstromgerät 56
Bodenwarnsystem 27
Boeing 67, 71
Boeing 737 67
Boeing 747 36, 45, 69
Bordcomputer 64
Boxermotor 28
Bremsklappen 25
Brennkammer 30
Bugfahrwerk 23
Bugklappe 42

C
Cargo-Bereich 53
Catering-Fahrzeug 56
Cayley, Sir George 14
Centerlotse 53, 59
Cessna 38, 41
Check-in 54, 55
Cockpit 15, 17, 21, 26, 36, 59, 64, 65, 66, 69
Concorde 17, 40, 41

D
Dädalus 10
De Havilland DH 106 Comet 36
Deltasegler 47
Doppeldecker 15, 16, 17, 41, 71
Drachen 35, 47
Drehgeschwindigkeit 26
Drehrichtung 26
Druck 23
Druckunterschied 29
Druckwelle 40
Düsenkonus 30
Düsentriebwerk 30
Düsenverkehrsflugzeug 36

E
Earhart, Amelia 18, 19
Einchecken 54
Eindecker 14, 16, 18, 19
Einlaufdiffusor 30
Enten-Flugzeug 17
Entfernungsmessung 48
Éole III 14
Eurocopter 145 48
Experimentalflugzeug 67, 71

F
Fahrtreppe 56
Fahrwerk 14, 23, 36, 39, 60, 64, 68, 69
Fallschirm 10
Finger 37, 53, 56, 57
Fliegende Ärzte 39, 49
Flugbegleiter 53, 55, 66
Flügel 10, 14, 23, 29, 48, 64
Fluggastbrücke 56, 57
Flughafen 31, 51, 52, 53, 54, 55, 56, 57, 58, 59, 61
Flughöhe 17, 27, 40, 59
Fluglärm 61
Fluglotse 58, 59, 60
Flugmanöver 17
Flugpionier 9, 11, 12, 14, 15, 18
Flugschreiber 27
Flugsicherung 58
Flugsimulator 66, 67
Flugzeugbau 65
Flugzeugmotor 28
Flugzeugnase 17
Flugzeugsteuerung 27
Flyer 15, 17, 29
Follow-me-car 52
Förderband 56, 57
Formationsflug 25
Forschung 63, 70
Forschungsflugzeug 70
Frachtflugzeug 35, 42
Frachtraum 36
Frachtzentrum 56
Funkerkennung 58
Funkgerät 26

G
Gagarin, Jurij Aleksejewitsch 33
Gasturbine 30, 31
Gate 54, 55, 57
Gepäckausgabeband 57
Gepäckleitsystem 53, 55, 57
Gewicht 16, 22, 23, 37, 42, 48, 52
Gierachse 49
Gieren 24
Gleitflieger 9
Gleitflug 11
Gleitschirm 47
Großraumflugzeug 37
Großraumjet 30

H
Handgepäck 54, 55
Hangar 56, 68
Hängegleiter 10, 14, 47
Hauptrotor 48, 49
Hebebühne 56
Heck 24, 33, 44, 48
Heckklappe 42
Heckrotor 48, 49
Heinkel He 176 32
Heißluftballon 9, 12, 13, 41, 47
Helikopter 48
Hochachse 49
Höhenflosse 24, 37
Höhenleitwerk 17
Höhenmesser 26
Höhenruder 24, 26, 60
Hubschrauber 10, 35, 48, 49, 52, 53
Hyperschall-Flugzeug 33

I
Ikarus 10
Instrumenten-Landesystem (ILS) 27, 58

J
Jet 28, 31, 33, 65, 66, 69
Jettriebwerk 30
Jones, Brian 47
Jumbojet 22, 36, 38, 45, 68
Junkers F13 36
Junkers Ju 52 36, 37, 67

K
Kerosin 30, 37, 41, 64
Kippen 24
Kollisionswarngerät 27
Kompass 26
Kontrollturm 58
Kopilot 26, 66, 67
Kraftstoffeinspritzung 30
Krebs, Arthur 13
Kunstflugzeug 37

L
La France 13
Landeanflug 25, 27, 61
Landebahn 25, 27, 36, 51, 52, 56, 59, 61
Landegenehmigung 59
Landeklappen 24, 25, 61
Landseite 53, 54
Landung 44, 47, 66, 68, 69
Längsachse 24, 25
Laroche, Raymonde de 18
Lastenhubschrauber 48
Learjet 38
Leitwerk 24, 64
Leonardo da Vinci 10
Lilienthal, Otto 11
Lindbergh, Charles 18, 19, 29
Lockheed C-130 Hercules 43
Lockheed Starliner 29
Looping 25

Löschflugzeug 35, 43
Lotse 58, 59, 60
Luftfracht 43, 53
Luftraum 27, 31, 58, 59
Luftschiff 12, 13, 35, 44, 45
Luftseite 54
Luftverkehr 44, 58, 59
Luftwiderstand 16, 21, 22, 23, 25, 29
LZ 129 Hindenburg 44

M
Mach-Zahl 33, 40
Mehrdecker 16
Messerschmitt Me 163 (Komet) 32
Montagehalle 64
Montgolfier, Étienne Jacques de und Michel Joseph de 12
Motor 14, 22, 28, 31, 37, 46, 47
Motorflug 14, 15, 18, 19, 23, 29
Motorflugzeug 9, 14, 65

N
Nachtflugverbot 61
NASA 33
Nicken 24
Nurflügler 71

P
Panzerglas 65
Passagierflugzeug 26, 36, 38, 40, 60, 61
Passagierjet 37, 61, 64, 69
Passagiermaschine 35, 52, 53, 60
Passkontrolle 55
Piccard, Bertrand 47
Pilot 15, 24, 25, 26, 27, 33, 37, 43, 47, 49, 53, 55, 58, 59, 60, 61, 66, 67, 68, 69, 71
Pilotenausbildung 66
Pilotenschein 18, 46
Post, Wiley 29
Preflight-Check 69
Privatflieger 38
Privatflugzeug 35
Privatjet 53

Propeller 14, 22, 28, 29, 31
Propellerflugzeug 28, 29
Prototyp 70

Q
Querachse 24
Querruder 24, 25, 26

R
Radar 26, 58
Rakete 30, 32, 33
Raketenflugzeug 32
Raketentriebwerk 32, 71
Rampagent 56, 57
Raumfähre 33
Reifen 68, 69
Reihenmotor 28
Rekordflug 18, 19, 41
Renard, Charles 13
Rettungsflugzeug 35
Rettungshubschrauber 49
Rochen 71
Rollbahn 52, 53, 56, 60
Rollen 24
Rollfeld 31
Röntgengerät 55
Rotor 48
Rotorblätter 49
Rückstoß 30
Ruder 13, 14, 24, 27, 44
Rumpf 14, 24, 30, 39, 43, 44, 48, 64, 65, 69

S
Santos-Dumont 45
Schall 40
Schallgeschwindigkeit 33, 40
Schallmauer 32, 33, 40
Schub 22, 30, 31, 32, 33, 61
Schubdüse 30
Schulflugzeug 37
Schwebeflug 49
Schwerkraft 22, 23
Schwimmer 17, 39
Schwingenflug 14
Schwingenflugzeug 10
Segelflugzeug 13, 32, 46, 47
Seitenflosse 24, 37
Seitenruder 24, 25, 26
Seitensteuerung 24

Sicherheitskontrolle 51, 53, 54, 55
Sikorsky S-64 48
Sinkflug 25, 33
Spaceshuttle 33, 41
Spannweite 15, 16, 32, 38
Spirit of St. Louis 19, 29
Sportfliegerei 28
Sportflugzeug 46, 53
Stamer, Fritz 32
Start 12, 23, 47, 60, 64, 68, 69
Startbahn 30, 36, 51, 52, 56, 59, 60
Startgenehmigung 59
Startgewicht 17, 32, 38
Starthilfe 30
Startklappe 60
Steuerknüppel 25, 26, 49
Steuerung 17, 21, 24, 49
Strahltriebwerk 30
Strömungsenergie 30
Strömungsgeschwindigkeit 30
Strömungsverhalten 71

T
Tandemhubschrauber 48
Tank 37
Tankwagen 56
Terminal 36, 53, 54, 55, 57
Testflug 67, 71
Testpilot 66, 67
Thermik 46, 47
Toilettenwagen 56
Tower 27, 53, 58, 59
Towerlotse 59
Tragfläche 14, 15, 16, 17, 21, 22, 23, 24, 25, 39, 46, 48, 64, 65, 70
Transportflugzeug 28, 29, 30, 42, 43, 53
Transporthubschrauber 49
Treibstoff 30, 70, 71
Triebwerk 22, 23, 24, 30, 31, 36, 37, 64, 69
Tupolew Tu-144 41
Turbine 28, 30, 31
Turboprop-Triebwerk 31

U
Überschallflugzeug 33, 35, 40

Überschallgeschwindigkeit 40, 41
Überschallknall 40
Ultraleichtflugzeug 46
Umlaufmotor 28

V
Variometer 26
Verbrennungsmotor 28
Verdichter 30
Verkehrsflugzeug 41
Versuchsflugzeug 67
Versuchshubschrauber 70
Vertikale Achse 24, 48
Vogelflug 10, 11
Vorfeld 52, 57
Vorflügel 25, 60
Vortrieb 22, 23, 28, 32, 48
Vortriebskraft 30

W
Warteschleife 58
Wartung 63, 68, 69
Wasserflugzeug 17, 18, 39, 43, 49
Weisskopf, Gustav 14
Wenden 24
Werft 64
Wetter 27, 45, 49, 53
Wetterbericht 61, 66
Whitten-Brown, Arthur 18, 19
Wind 13, 22, 44, 52, 60, 61
Windenstart 46
Windgeschwindigkeit 53
Windkanal 71
Windrichtung 52, 53, 61
Windstille 47
Winglet 24, 70
Winnie Mae 29
Wolkenscheibeneffekt 40
Wright, Orville und Wilbur 15, 17, 23, 29

Y
Yeager, Chuck 32

Z
Zeppelin 22, 44, 45
Zeppelin, Ferdinand Graf von 44
Zeppelin NT 45
Zylinder 28

Bildnachweis

mauritius images/0001815-imagebroker: Umschlagfoto (Airbus A380)
Corbis: Seite 10, 16, 28 u. (Skyscan), 17 u.l. (Jim Sugar) und u.r. (Underwood & Underwood), 19, 33, 38 u. (Bettmann), 25 (Ali Haider/epa), 36, 38 o., 40 o. (George Hall), 43 o. (Domenech Castello/epa), 47 (WildCountry)
Picture-alliance/dpa: Seite 14, 27, 31, 39, 41 o., 43, 46, 48, 49, 55 o. und u., 58 o. und u., 59, 62/63, 64, 66 M. und u.
Auto & Technik Museum Sinsheim: Seite 41 u.
Deutsche Lufthansa AG: Seite 67 o.
Deutsche Zeppelin Reederei Friedrichshafen: Seite 45
Deutsches Segelflugmuseum Wasserkuppe: Seite 32
Deutsches Zentrum für Luft- und Raumfahrt e.V. (DLR): Seite 70, 71 u.
Fraport AG: Seite 34/35, 52
Lufthansa Technik AG: Seite 65, 68, 69
NASA Dryden Flight Research Center Photo Collection: Seite 71 M.
Technik Museum Speyer: Seite 29
Digitalstock: Seite 37, 57
iStockphoto: Umschlagfoto (Jet Turbine), Seite 8/9, 20/21, 61 u.
panthermedia.net/Colette P. (Hubschrauber)
Wikipedia: Seite 18, 23 u.l. und u.r., 28 o., 30 o. und M.l., 40 u., 61 o., 67 u.

Illustrationen:
Elisabetta Ferrero: Seite 18,
Filippo Pietrobon: Seite 22 (unten), 24 (unten), 26, 32, 42, 54 (oben)

Bibliografische Information der Deutschen Nationalbibliothek

Die Deutsche Nationalbibliothek verzeichnet diese Publikation in der Deutschen Nationalbibliografie; detaillierte bibliografische Daten sind im Internet über **http://dnb.d-nb.de** abrufbar.

Der Autor dankt der Deutschen Lufthansa AG, der Lufthansa Technik AG und insbesondere dem Piloten Uwe-Karsten Badow für die Unterstützung.

4 3 2 1   15 14 13 12

© 2012 Ravensburger Buchverlag Otto Maier GmbH
Postfach 1860, 88188 Ravensburg
Alle Rechte, auch die des auszugsweisen Nachdrucks, der fotomechanischen Wiedergabe und der Übersetzung, vorbehalten
Text: Manfred Schwarz
Illustrationen: Lorenzo Orlandi
Umschlagdesign: dieBeamten.de/Anja Langenbacher und Reinhard Raich
ISBN: 978-3-473-55294-8

www.ravensburger.de

1 Leonardo da Vinci: L
2 Wright: R
3 Luftwiderstand: U
4 Querruder: U
5 Propeller: L
6 Turboprop-Triebwerk: T
7 Schulflugzeug: F
8 Anatow An-225: LA
9 Thermik: M
10 Finger: I
11 Startklappen: S
12 Montage: O
13 Hangar: G

Lösungswort: Flugsimulator